D1721041

Tolle Hechte, glatte Aale

Geschichten, die das Angeln schrieb

ausgewählt von Richard Lütticken

Jahr Verlag Hamburg

Die Deutsche Bibliothek – CIP-Einheitsaufnahme

Tolle Hechte, glatte Aale : Geschichten, die das Angeln
schrieb / ausgew. von Richard Lütticken. – Hamburg :
Jahr, 1999
   ISBN 3-86132-448-2

Jahr-Verlag GmbH & Co.
Jessenstraße 1
D-22767 Hamburg
Telefon 040/38906-0
Telefax 040/38906-302

Herausgeber: Richard Lütticken
Lektorat: M. Wehrle, H. Bormann, A. Pawlitzki
Zeichnungen: J. Buxbaum, W. Freitag, W. Lange, G. Zinke
Titelfoto: Karl Koch
Titelgestaltung: Iris Lauster
Layout: Klaus Kuisys
Lithografie: Helmut Gass Reprotechnik, Hamburg
Gesamtherstellung: freiburger graphische betriebe, Freiburg

ISBN 3-86132-448-2

Inhalt

VON VERWANDTEN UND PASSANTEN

TÜCKEN DER TECHNIK

_____Tolle Typen_____

Sie sind Geheimniskrämer, Langschläfer und Lügenpeter. Sie sind fangneidisch, besserwisserisch und zu jedem Unfug zu haben. Sie sind bissig wie Hechte, glatt wie ein Aal, stumm wie ein Fisch. Mit einem Wort: Angler sind Menschen wie Du und ich.
Und tolle Kumpel. Vorausgesetzt, man hat den richtigen Partner im Boot. Wenn die Chemie stimmt, sind Angelfreunde das Salz der Meere, stimmt sie nicht, dann hat man die Hölle an Bord. Von beidem erzählen unsere Autoren in den folgenden Geschichten.

Liebe Kollegen ...

Glauben auch Sie, daß viele Köche den Brei verderben? Ich bin da, was das Fischwasser betrifft, anderer Meinung. Denn ein Salz dieser „Suppe" sind die angelnden Kollegen. Man trifft sie immer, sogar um Mitternacht, und überall, sogar in Kanada. Sie sind Engel, wenn sie mit einem Tauwurm aushelfen. Sie sind Teufel, wenn sie den angefütterten Angelplatz blockieren. Sie bereichern, keine Frage, das Hobby. Lassen Sie mich die „angelnde Zunft" in Typen gliedern. Wetten, daß Ihnen der eine oder andere schon begegnet ist ...

Der Specimen-Hunter:

Er hat die Geduld, das Glück und ein Großfischgewässer gepachtet. Sein erster Wohnsitz ist ein Brolly Camp. Er wurde schon überall gesichtet, vom Hintertupfinger Wiesenbach bis zum Lac Cassien. Ich begegne ihm mit Respekt und Sprachschwierigkeiten; die Begriffe „carp rod", „flavour" und „hair-rig" verwendet er so selbstverständlich wie seinen Karpfensack. Wenn er in meiner Nähe angelt, erstaunt mich nichts: ob Großfischdrill oder Soundmaster-Großalarm.

Imponieren kann ich ihm nicht. Was für mich kapital ist, verwendet er bestenfalls als Köderfisch. Karpfen und Hechte unter zehn Pfund zählt er nicht. Seinen Fischen schenkt er die Freiheit, sich eine Bruce-and-Walker-Rute zu Weihnachten. Seine jährlichen Ausgaben für Anfutter sind mit meinem Jahresverdienst identisch. Er streikt für die Verkürzung der Arbeitszeit, um endlich die 40-Stunden-Angelwoche einzuführen.

Der Geheimniskrämer:

Er schweigt wie das Grab eines englischen Geheimagenten. Tags verschanzt er sich hinter Schirmmützen, Polarisationsbrillen und den Rauchwölkchen seiner Pfeife. Wie erfolgreich er ist, weiß keiner. Seine Fische drillt er nachts oder dann, wenn ihn niemand beobachtet. Gerüchte besagen, er sei für den sinkenden Wasserspiegel unseres Sees verantwortlich.

Ich kann ihn gut riechen. Einfach deshalb, weil er sein Markenzeichen, 27 Fläschchen geheimnisvoller Duftstoffe, stets mit ans Wasser nimmt. Nur einmal hatte ich Streit mit ihm: Er fütterte bei Nacht und Nebel per Schleuder Boilies an. Dabei traf er einen 180-Pfünder am Kopf, der vom Boot aus auf Aale ging. Die Boilies waren hart, der 180-Pfünder war ich.

Der Funktionär:

Seine Stunde schlägt bei der alljährlichen Generalversammlung: Dann trägt er eine Krawatte und die Verantwortung; dann nimmt er den Mund voll und sich wichtig. Dann macht er, der tolle Hecht, sich zum Verteidiger seiner Artgenossen. Seine Vorschläge wiederholen sich: Ein Schongebiet dort, wo ich meine Seerosenkarpfen fange. Eine Schonzeit dann, wenn der Hecht läuft. Geboten sei dies, verboten das, erlaubt gar nichts. Boilies seien Gift, Lebendköder strafbar, Setzkescher fragwürdig und Gemeinschaftsangeln dekadent.

Der Funktionär schwingt seinen Bierkrug und große Reden. Doch die Angel schwingt er anscheinend nie. Der „Schwimmer" ist für ihn ein Sportler; der „Blinker" eine Signalvorrichtung am Auto; die „Rute" ein Reiserbündel zur Züchtigung.

Dafür kennt er das Landesfischereigesetz und die Vereinssatzung auswendig. Na dann: Justitia Heil!

Der Angeber:

Er sammelt Pokale, Fischtrophäen und Ruhm. Sein Geldbeutel platzt, im Gegensatz zu seinem Setzkescher, aus allen Nähten. Nicht etwa der Scheine wegen. Nein. Die Fangfotos sind es, die so viel Platz brauchen. Er hält sie jedem Passanten oder Kollegen, den er erwischen kann, unter die Nase. Kein Bild, zu dem er nicht die passende Fanggeschichte erzählt. Die „Wasserfall-Forelle" an der Fliegenrute, der

„Bojen-Hecht" am Barsch-Geschirr, die „Auslauf-Schleie" auf der Köderfischsenke - ich kenne jedes Wort auswendig. Auch den abschließenden Satz: „Das sind natürlich nur Durchschnittsfänge. Die Bilder der ganz Großen habe ich ins Album geklebt. Man ist ja schließlich kein Angeber."

Der Anfänger:

Kein Meister fällt vom Himmel? Von wegen: Er hat die Sportfischerprüfung ohne Fehler bestanden. Seitdem hält er sich für einen verdammt guten Angler. Ich bekomme das zu spüren. Er belehrt mich in rechtlichen Fragen. Ich schweige und angle. Er dagegen entwirrt Schnurperücken, löst häufige Hänger, holt seine Kunstköder von diversen Bäumen und hat schon zwei Drillinge im Pullover hängen.

Gefährlich wird es, wenn er auswirft. Sollte das 150-Gramm-Grundblei diesmal in meine Richtung fliegen, - meiner Gesundheit würde es nicht gut bekommen. Doch das Blei fliegt geradeaus. 150 Meter weit; mein Nachbar hatte den Bügel nicht geöffnet. Künstlerpech. Doch der nächste Wurf sitzt - über meinen Schnüren. „Entschuldigung", murmelt er und dreht blitzschnell ein. Ich greife ahnungsvoll nach meinen Gerten. Zu spät, denn sie schlittern schon über den steinigen Boden. „Doppelbiß", brüllt mein Nachbar begeistert - und kurbelt eifrig weiter.

Der Glückspilz:

Er ist, davon bin ich fest überzeugt, ein miserabler Angler. Tausend Fehler, die er macht, sprechen für seine Unfähigkeit. Doch etwas

7

Entscheidendes spricht dagegen: seine Fänge. Denn egal, wo, wann, wie und auf was er angelt: Die Fische reißen sich um seinen Köder und pfeifen auf sämtliche Regeln der Angelkunst.

Mir ist es unerklärlich: Die Schleien zerren seine Korkboje unter Wasser; an meiner feinen Waggler-Pose nippen sie nur. Die Karpfen läuten an seinen Aalglocken Sturm; mein Silberpapier bewegt sich nicht. Er hört laut Kofferradio und lockt die Fische damit an; mir nehmen die Flossenträger schon ein Niesen übel. Er läßt seinen Schatten beim Bachangeln vorauseilen und fängt; ich bin die Vorsicht und leider auch der Schneider in Person. Kurz gesagt: Er hat das Glück, ich habe die Nachsicht. Wenn das keine verkehrte Unterwasserwelt ist, mein lieber Petrus!

Der Schmarotzer:

Er zieht mir angeluntaugliche Würmer aus der Nase. Er stellt mir Fallen und Fragen: „Füttern Sie zur Zeit den Angelplatz bei den Birken an?" Ich werde madenbleich. „Nein", antworte ich betont gleichgültig. „Dann ist ja gut", murmelt er vielsagend.

„Was soll das heißen?", frage ich. „Nun ja", entgegnet er, „bei den Birken füttert seit drei Wochen jemand an. Ich habe das mit dem Fernglas beobachtet. Wer es ist, weiß ich nicht. Jedenfalls will ich es morgen dort auf Karpfen versuchen." Aha! Der Schmarotzer will mir meine Karpfen wegfangen. Nicht mit mir. Dann gehe ich morgen schon um vier Uhr früh angeln. Es ist noch dunkel, als ich am Wasser ankomme. Mein angefütterter Angelplatz wirkt grün. Was? Da steht ja ein Brolly Camp. Ich schmeiße meine Taschenlampe an. Der Schmarotzer grinst in den Lichtkegel. „So früh schon unterwegs?" fragt er mit Heiligenschein, „Gut so! Heute beißen die Karpfen. Ich habe seit Mitternacht schon drei Kapitale gefangen." Mir wird schwarz vor Augen, nur deshalb sehe ich kein Amok-Rot. Schelmisch fügt er hinzu: „Würde mich interessieren, welcher Kollege so nett war, hier anzufüttern. Gut, daß Sie es nicht waren, sonst würden Sie sich bestimmt ärgern ..."

Martin Wehrle

Sarkowski und Opa

Mein Freund Malte und ich sind - das kann man mit Fug und Recht behaupten - begeisterte Angler. Seit Jahren haben wir es uns zur Gewohnheit gemacht, einmal im Jahr, zur Herbstzeit, unsere Schreibtische für eine Woche verwaist stehen zu lassen, um nur noch eines zu tun - von morgens bis abends zu angeln. Nachdem wir jahrelang zu diesem Zwecke nach Dänemark gereist waren, sollte in diesem Jahr Schleswig-Holstein unser Ziel sein. Malte hatte einen Angelplatz ausfindig gemacht, der für unser Unternehmen ideal zu sein schien: „Hauptquartier" ein See, Ferienwohnung direkt dort, Boot vorhanden und - als besonderer Leckerbissen - ein nahegelegener Fluß, in dem sogar Meerforellen aufsteigen sollten.

Gutgelaunt und gut gerüstet reisten wir also an und fanden tatsächlich alles so vor wie beschrieben. Das Haus war 25 Meter vom See gelegen, zu dem man über eine hochherrschaftliche Freitreppe an den Bootssteg gelangte. Im Eiltempo wurde der Wagen entladen, und 15 Minuten später standen wir in Gummistiefeln, Parka und mit einer kleinen Kollektion unserer mitgeführten Gerätschaften am Bootssteg und trafen auf „Opa".

„Opa" stellte sich vor als 76-jähriger Schwiegervater unseres Wohnungsvermieters. Opa, den ich nie anders sah als mit einem grauen Arbeitskittel angetan und einer Brasil-Zigarre in der rechten Hand, musterte uns interessiert: „Nu, was wollt Ihr fangen?" Ich (sag' mir, wo der Hecht steht, und er ist so gut wie gefangen): „Hechte!" Malte (nicht weniger selbstsicher, unterstützend): „Und Zander!" Opa: „Man muß den See natürlich kennen!" Ich (20jährige Angelerfahrung in See, Fluß und Meer): „Versteht sich!" Opa: „...im Mai und im Dezember ..." Malte: „Da haben wir leider keine Zeit!" Unbemerkt von uns hatte sich mittlerweile der vierte Hauptakteur dieses Urlaubs über die majestätische Freitreppe genähert: Paul Sarkowski, Pensionär und Dauergast, angetan in einem blauen Trainingsanzug. Opa: „... im Mai und im Dezember ..."

Sarkowski: „... und dann am gegenüberliegenden Ufer! Da ist nämlich die Scharkante, dann kommt eine ganz tiefe Rinne und dann - die Muschelbank!"

Opa (tiefes, weises, bestätigendes Kopfnicken, Zigarrenrauchwolke): „... die Muschelbank ..."

„... oder da ... "

Schon saßen Malte und ich im Boot. Eine Woche ist schließlich kurz! Malte ruderte zum gegenüberliegenden Ufer. Blinker wurden angebunden: 1., 2., 36., 286. Wurf („Hier " - Ausholbewegung - „müssen" - gequetscht, energischer Vorschwung - „doch Fische sein" - Blinker fliegt -). In der Abenddämmerung ruderte Malte zurück zum Bootssteg. Kein Hecht, kein Zander, kein Biß.

Opa (Kittel, Zigarre) und Sarkowski (Trainingsanzug) stehen am Steg.

Opa:„...im Mai und im Dezember..."

Sarkowski: „Vielleicht wäre es am versunkenen Baum doch noch günstiger gewesen?!"

Opa (tiefes, bedächtiges Nicken): „... oder in der 'Dose-Bucht'... "

Sarkowski: „... oder direkt am Bootssteg ... "

Opa (Kopfnicken, Zigarrenrauchwolke): „Oder da!"

Am nächsten Abend (nach dem 876. Wurf seit Beginn des Urlaubs) saßen Malte und ich am Bootssteg, zwei Aalruten mit toten Köderfischen auf Grund ausgelegt und unsere vom Spinnfischen glühenden Armgelenke mit Bier kühlend.

Paul Sarkowski (blauer Trainingsanzug) steht hinter uns. Malte hat einen Biß, die Schnur läuft aus, energischer Anhieb, Zerren: Ein Aal von anderthalb Pfund.

Sarkowski gerät in Aufruhr: „So ein schöner Aal und dann hier vom Steg und dann auch noch auf Kaulbarsch; das hatten wir schon jahrelang nicht!"

Ich mag Aale nicht besonders. Nicht, daß sie mir absolut unsympathisch wären! Ich finde sie nur etwas schleimig, und die Tatsache, daß man sie - schleimig und schwer zu bändigen wie sie sind - bevorzugt nachts fängt, hat dazu beigetragen, daß ich ihnen, nun, sagen wir, etwas distanziert gegenüberstehe. Wir (die Aale und ich) fahren dabei recht gut: Ich lasse sie in Ruhe und sie mich!

Ein Aal macht die Runde

Am nächsten Morgen sitzen wir wieder am Bootssteg. Das erste Boot mit einem Angler kommt vorbei: „Na, einen dicken Aal fangen?" Nach einer Weile das zweite Boot: „Na, wie schwer war der von gestern abend?"

Paul Sarkowski hatte noch am Abend die Kunde von Maltes „Bootssteg-Kaulbarsch-Aal" im nahegelegenen Anglerheim verbreitet - und sich dabei kräftig gebrüstet, uns den Tip gegeben zu haben.

Malte angelt unbeirrt weiter. Er fängt tatsächlich

noch einen Aal. Wenig kleiner als der letzte. „Die Ministerpräsidentin von Schleswig-Holstein ist am Telefon", sage ich. Malte blickt mich verständnislos an. „Sie will dir zu deinem zweiten Aal gratulieren!" Wie gesagt: Mein Verhältnis zu Aalen ist gestört ...

Am darauffolgenden Tag blinkern wir in der „Dose-Bucht". Nach dem 2789. Wurf (seit Beginn des Urlaubs) blicke ich zum Himmel, breite die Arme aus und rufe: „Max, gib mir ein Zeichen!" Max war Maltes „Angelvater". Er hat ihm das Angeln beigebracht und wußte, so geht die Legende, immer ein Mittel, beißunlustige Fische zum Beißen zu verführen. Mittlerweile ist er allerdings schon geraume Zeit dort, wo man höchstens einen Wurf braucht, um einen Kapitalen zu fangen.

Beim nächsten Wurf mit dem tiefgeführten, selbstgebastelten Spinnköder ein plötzlicher Ruck! „Jetzt hab' ich ihn", schreie ich. Der Hecht (oder Zander) flüchtet kurz nach rechts, dann nach links,

dreht sich plötzlich um die eigene Achse, kommt an die Oberfläche
- als pfündiger Aal!!

Mit Max bin ich fertig!

Forellen mit Fragezeichen

Es blieb uns ja immer noch der Fluß mit den Meerforellen.
Vorsichtshalber fragten wir aber vorher Opa und Paul Sarkowski.
Opa: „Forellen wollt ihr also fangen. Im Fluß?" Ich: „Sicher ist es da
im Mai oder Dezember am besten!?"

Opa: „Zu der Zeit darf man da nicht angeln!"

Sarkowski:„Am besten geht man da unterhalb von Tarp, direkt am
Flugplatz, da habe ich letzten Herbst zwei schöne Aale gef..." Ich reiße
mich zusammen. Mir - als fanatischem Forellenangler - zu raten, wo
man am besten Aale in einem Fluß fängt, in dem nachweislich
Meerforellen aufsteigen, kommt mir so vor, als wolle mir jemand
raten, wie ich am leichtesten einen Rübenwagen mit einem Porsche
ziehen kann. Wie gesagt: Mein Verhältnis zu Aalen ist gestört ...

Opa: „An der Mündung, da ist es auch gut. Da hat mein
Schwiegersohn in der letzten Woche vier schöne Barsche gefangen."

In der nächsten Nacht schlafe ich schlecht. Im Traum sehe ich Opa
in seinem grauen Arbeitskittel. Statt einer Zigarre hält er einen dicken
Barsch im Mund. Daneben steht Sarkowski im blauen Trainingsanzug
und kämpft mit einem meterlangen Aal. Über der ganzen Szene schwebt
Max, Maltes „Angelvater", auf einer riesigen Wolke aus Brasil-
Zigarrenrauch. Fröstelnd stehen wir am nächsten Morgen am Fluß. Ich
hantiere mit der leichten Spinnrute wie weiland Rastelli mit seinen
berühmten Bällen. Plaziere Würfe in bierdeckelgroße Buschlücken.
Einen wie den anderen. Das Mindestmaß von 35 cm für die Bachforelle
läßt einiges erwarten! Plötzlich ein schwarzer Schatten im glasklaren
Wasser und der bekannte Ruck im Handgelenk, den ich pariere: eine
Bachforelle, wunderschön gezeichnet - knapp 22 cm lang. Danach
fängt Malte eine: 25 cm. „Vielleicht ist hier das Mindestmaß für zwei
Forellen zusammen 35 cm?", bemerke ich gegen Mittag. An einem herrlichen Kolk schießt plötzlich ein großer Schatten auf Maltes Spinnköder
zu. „Mein Gott", denke ich, „jetzt hat er sie!" Die Großforelle erweist sich
als 40 cm Hecht.

Abschied

Wie im Fluge vergeht die Woche. Am Sonnabend packen wir
unsere Siebensachen wieder zusammen.

12

Opa und Sarkowski, gekleidet wie gewohnt, sind zur Verabschiedung angetreten.

Opa: „Ja, ja, die Zeit vergeht! Und ihr habt noch nicht einmal die 'Aue-Mündung' befischt!"

„Und die Barsche sind jetzt schon bei Missunde", wirft Paul Sarkowski ein. Malte und ich schütteln beiden die Hand. „Im Mai oder im Dezember hätte der See mehr hergegeben" sagt Opa bestimmt.

„Ja", pflichtet ihm Sarkowski bei, „in der Mitte, direkt gegenüber vom Bootssteg, da ist ein ganz tiefes Loch! Und an einer Seite, zum Schilf hin, da ist ..."

„... eine Muschelbank", nickt Opa wissend.

„Eine Muschelbank", bestätigt Paul Sarkowski im Brustton der Überzeugung.

Zum letzten Mal zieht eine riesige Wolke von Zigarrenrauch über die Szene, die Malte und ich jetzt verlassen müssen. Eine Woche lang (oder besser gesagt: kurz) haben wir alles andere vergessen - außer Angeln. Was zählen da schon ein paar lächerliche nicht gefangene Hechte oder Forellen ...

Michael Schöpe

Hoffmanns Erzählungen

Keiner kann so spannend über seine Fänge berichten, wie unser Vereinsmitglied Max Hoffmann, niemand hat auch nur einen Bruchteil seiner Sprüche drauf. Nur mit der Wahrheit nimmt er es dabei nicht so genau. Vor zwei Wochen kam ich ihm endgültig auf die Schliche. Es regnete Bindfäden, und deshalb war ich pudelnaß mit einer halben Stunde Verspätung im Vereinslokal eingetrudelt. Niemand hatte mein Kommen bemerkt, alle lauschten Hoffmanns Erzählungen. Ich schälte mich aus den Klamotten und wollte gerade in der Toilette meine Haare trocknen, da schnappte ich die ersten Wortfetzen auf. Als ich meinen Namen hörte, fuhr ich meine Lauscher auf Empfang.

Wunderköder Spezukama

„Drei Jahre habe ich experimentiert, jetzt habe ich mit *Spezukama* den größten Wunderköder aller Zeiten! *Spezukama* sind ein Hit. Heinz kann es bestätigen. So etwas habe ich noch nie gesehen", berichtete Max und ließ sich genüßlich löchern, um was es sich denn bei dem *Spezukama*-Zeug nun handele. „*Spezial-Zucht-Kampf-Maden* aus der eigenen Garten-Produktion. Sie werden das Angeln revolutionieren, haben magnetische Kräfte und ziehen förmlich die Fische an. Am letzten Wochenende mußten ich und Heinz nach nicht einmal zwei Stunden einpacken, die Maden waren alle. Immerhin mußten wir dreimal zum Parkplatz, um die Beute zu verstauen. Dabei haben wir nur die Größten mitgenommen. So etwas habe ich noch nie erlebt."

Ach, hätte Max nur das Wörtchen noch weggelassen, er wäre der Wahrheit verdächtig nahe gekommen. Aber dann, so ist zu vermuten, würde ihm wohl niemand auf Dauer Gehör schenken. So aber hing die Stammtischrunde fasziniert an seinen Lippen. „Ich habe die Maden bei meinem letzten Argentinien-Urlaub importiert. Sie werden über echte argentinische Steaks gezogen, nur vom Feinsten. Natürlich Filet. Der Heinz kann es beschwörn" sagte er gerade, als ich den Vorhang beiseite schob und die Szene betrat. Alle blickten mich erwartungsvoll an. „Ich war noch nie in Argentinien", bekannte ich kleinlaut. „Aber was für ein toller Angeltag das letzte Woche war, das mußt Du ihnen sagen", flehte mich Max Hoffman an.

Ich konnte meinen Kumpel doch nicht hängen lassen, ergriff die liegengebliebenen Skatkarten, begann zu mischen und erlöste Max von seiner Pein. „Es war in der Tat ein ganz außergewöhnlicher Tag", sagte ich gestelzt und teilte die Karten aus, um das Thema zu beenden.

Wir hatten am Wochenende nicht fast zwei, sondern über elf Stunden geangelt. Und nicht einen Biß gehabt, geschweige denn eine Schwanzflosse gesehen. Die ganz ordinären Maden, zum üblichen Preis beim Gerätehändler gekauft, tanzten beim Rückmarsch in unseren randvollen Köderdosen fröhlich Ringelreihen. Petrus sei mein Zeuge: So eine lang anhaltende Beißflaute erlebt man beim Friedfischangeln nicht alle Tage und war deshalb in der Tat ganz außergewöhnlich.

Aber unser Max kann nicht nur über-, sondern auch gewaltig untertreiben. Dabei immer auf verstärkte Wirkung bedacht. Ein Beispiel aus dem letzten Jahr? Ich wußte, Max wollte die Nacht über auf Aal gehen, ich aber zog es vor, dieselben Stunden im Bett zu ver-

bringen. In aller Herrgottsfrühe wurde ich wach. Ich schnappte mir meinen Hund und strebte, von Neugierde getrieben, zum Fluß.

„Na, wie war's?", rief ich schon aus Entfernung. Max sagte gar nichts, sondern gähnte herzhaft. Als ich neben ihm stand, wiederholte ich meine Frage: „Nichts?" Max fröstelte, sah mich aus müden Augen an und entgegnete matt: „Nicht der Rede wert." Dabei führte er seinen Daumen über die eigene Schulter in Richtung Setzkescher.

Die Nacht aller Nächte

Illusionslos schlenderte ich durchs Gras, ergriff die Leine und hob an. Der große Setzkescher war noch nicht mal halb aus dem Wasser, da sah ich die ersten speckigen Leiber sich winden und aalen. Ich mußte mich ganz schön ins Zeug legen, um auch den Rest ans Tageslicht zu hieven. Ein Dutzend oder 20 Stück? Ineinander verschlungene Aale sind nun mal verflucht schlecht zu zählen. Aber unter einem Pfund war keiner im Knäuel.

„Mensch, Max!", sagte ich fassungslos. „Ach, die paar kleinen", erwiderte er und machte eine verächtliche Handbewegung. Dabei starrte er stur geradeaus in Richtung Flußmitte und würdigte seine Beute keines Blickes. Grenzenloses Erstaunen, Anerkennung für den tüchtigen Angler und Frust über mich selbst müssen mir im Gesicht gestanden haben. Schließlich hatte ich die Nacht aller Aal-Nächte tatenlos verpennt.

Heute bin ich mir ganz sicher, daß Max mich damals aus den Augenwinkeln beobachtete und sich an meinem Anblick weidete. Inzwischen kenne ich den Schlawiner eben ganz genau. Nicht, daß ich ihm ernsthaft böse wäre. Aber eine Portion Skepsis ist ihm gegenüber stets angebracht.

So gestern morgen beim Brötchenholen. „Guten Morgen, Heinz", begrüßte er mich gut gelaunt. „Hallo Max", entgegnete ich. Und blickte verstohlen auf meine Armbanduhr. Wenn einer wie Max Hofmann einen Guten Morgen wünscht, kann man nie sicher sein, ob nicht schon Mittag oder Kaffee-Zeit ist.

Heinz Bormann

Die Rache der Spulwürmer

An meiner Tür klingelte jemand Sturm. Langanhaltend, laut, nervtötend. Ich hechtete aufgeschreckt aus dem Bett, warf einen verschwommenen Blick auf den Radiowecker. Es war 5 Uhr in der Früh!

Während ich hastend die Treppe hinunterstolperte und unserer Katze auf den Schwanz trat, gingen mir die schlimmsten Vorahnungen durch den Kopf. Wer steht um diese Zeit draußen und drückt sich den Daumen an meiner Klingel platt? Polizei? Ist jemand aus der Familie verunglückt? Nachbarn? Das Haus brennt?

Ich riß die Tür auf. Ein eiskalter Windstoß fegte in den Flur, und ein Schwall klatschender Regentropfen ergoß sich um meine nackten Füße. Fast brutal wurde ich zur Seite gestoßen, und eine finstere Gestalt in Ölzeug und mit dreckverklumpten Gummistiefeln drängte mich zur Seite. „Uuaaah! Laß mich rein. Ist das ein S...wetter!"

„Oh Gott, dieser Irre!"

Von oben erklang die besorgte Stimme meiner Frau. „Norbert? Was ist passiert?" „Oh, ähh, es ist Rudi", antwortete ich und hörte, wie sie die Schlafzimmertür zuschlug. „Oh Gott, dieser Irre..." konnte ich noch verstehen, dann traf mich ein knallharter Schlag auf die rechte Schulter.

Bevor ich zu Boden ging, ergriff Rudi meine Hände und wirbelte mich im Kreis herum. Ich hatte am Vorabend eine feuchtfröhliche Geburtstagsfeier besucht, und mir wurde übel.

Rudi brüllte wie ein Besessener. „Ich hab' ihn... ich hab' ihn... Oh Mann, diese Maschine solltest du sehen! Waaahnsinn, unglaublich, dieses Monster!!"

Ich gewann meine Orientierung zurück und bugsierte Rudi in die Küche. Da ließ sich der Boden leichter aufwischen. Wasser troff von Rudis Kapuze, Dreckbäche bildeten sich um seine Stiefel, und mit einem völlig fanatischen Gesichtsausdruck hielt er mir die flachen Hände vor mein Gesicht. Mein Gott, er sah aus wie Rasputin in Ekstase.

„So ein Brecher! So ein Kaventsmann! Du mußt sofort mitkommen, ich brauch deine Hilfe. Den krieg ich nicht allein ins Auto!!"

Dreißig Zentimeter - zwischen den Augen

„Rudi, Rudi...", versuchte ich ihn zu beruhigen. „Was ist so ein Kaventsmann? „Der Hecht, Mann, der Hecht!!" schrie er mich an. Meine Hände ahmten vorwurfsvoll Rudis Geste nach. Etwa dreißig

Zentimeter auseinander. „Sag mal, spinnst du? Hast du einen gebechert? Das ist nicht gerade ein Hecht, der um diese Uhrzeit Beifallsstürme auslöst." Rudi gierte mich förmlich an. „Das ist der Abstand zwischen den Augen, Mann! Los, zieh dich an, wir müssen zum See."

Schlagartig war ich richtig wach. Rudi neigte schon immer zu Übertreibungen, aber die Aufregung in seinem Gesicht überzeugte mich, daß er dieses Mal wirklich einen Rekordfisch gelandet hatte.

Für einen Augenblick war ich richtig gerührt. Rudi war zu *mir* gekommen. Ich war der erste, den er an seinem Triumph teilhaben ließ. Vielleicht könnte ich ja mit aufs Foto und könnte von einer Seite des BLINKER neidische Angelfreunde anblicken.

Drill bis zum Krampf

Nur wenige Minuten später, ich hatte hastig einen Overall über meinen Schlafanzug gestreift, rasten wir zum See, Rudi blubberte in

einer Tour. Kampf pur, Drill bis zum Muskelkrampf, eine Stunde Mann gegen Fisch, verzweifelte Sprünge, nervenzerfetzende Kescherversuche in der Dunkelheit. Mir wurde fiebrig. Sollte Rudi wirklich einen dieser sagenumwobenen Hechte gefischt haben? Ein

Urgestein, wie man es nur aus den Geschichten von Loch Ness kennt? Den Jahrhundert...nein, den Jahrtausendhecht?

„Rudi," ich krallte meine Hände in das Armaturenbrett, „wenn dein Hecht wirklich so ein Geschoß ist, dann will ich die exklusiven Rechte an der Geschichte. Rudi, wir sind immer dicke Freunde gewesen. Ich mache dich berühmt."

Rudi grinste mich diabolisch von der Seite an. Wie Dark Vader aus dem Krieg der Sterne. Nur sein Bart war dichter und schwärzer. Mir lief ein kalter Schauer über den Rücken.

„Weißt du noch", ächzte er, „wie du mich blamiert hast, als ich Zucker auf meine Terrasse gestreut habe. Gegen Ameisen - auf deine Empfehlung! Oder wie ich nächtelang unten im Krummen Grund nach Spulwürmern gesucht habe? Spulwürmern, dem ultimativen Köder! Bis ich darauf kam, daß Spulwürmer nur in Hundesch... vegetieren. *Ich* habe was gut bei dir."

Ich hatte Rudi, dem enthusiastischen Angler, dem Kumpel, meinem Freund mal den einen oder anderen nicht ganz astreinen Tip gegeben. Eigentlich haben wir uns immer köstlich amüsiert. Also, mit Wir meine ich die Kollegen vom Angelklub, Rudi natürlich ausgenommen. In diesem Augenblick überkam mich bittere Reue.

„Rudi," versuchte ich ihn zu beschwören, „das sind doch olle Kamellen. Ein bißchen was zum Lachen. Aber das hier ist natürlich die ernsthafte Erfolgsstory eines Angelkollegen, eines guten Freundes. Ich verspreche dir, nie, nie wieder nehme ich dich auf den Arm!"

Rudi rülpste, und ich hatte das Gefühl, daß er mir schon verziehen hatte.

Strick um die Flosse

Am Wasser angekommen stolperte ich hastig aus dem Auto und rannte zum Ufer. Es war ein unwirklicher Morgen. Nebelschwaden reflektierten einen matten Lichtschimmer auf die Oberfläche. Enten flatterten erschreckt und flügelschlagend über die leichten Wellen. Es wehte ein eisiger Wind, der den Regen in feine Gischtvorhänge zerstäubte.

Ich versuchte, die Umgebung zu erkennen. „Wo ist er?", fragte ich. „Da draußen", sagte Rudi. „Ich habe ihm einen Strick um die Schwanzflosse gebunden".

Einen Strick - um die Schwanzflosse! Rudi sprudelte nur so aus sich heraus. Der Hecht war so gewaltig, daß er ihn nicht landen konnte. Glücklicherweise hatte er ein altes Seil dabei und ein Ende um einen in den Boden gerammten Pflock geschlungen. Das Seil führte straff gespannt direkt in die Dunkelheit, unter der unheilvoll illuminiertes Wasser blitzte. Mir lief eine Gänsehaut über den Rücken.

„Los, ins Wasser, zieh ihn raus!" brüllte Rudi erregt mit überschnappender Stimme. „Ich sichere dich vom Ufer aus ab!"

Als Zeuge eines anglerischen Weltereignisses und zukünftiger Inhaber der Exklusivrechte an diesem Drill durfte ich nicht zögern. Rudi war jetzt viel zu aufgeregt, um handlungsfähig zu sein. Jetzt war mir klar, warum er zu mir gekommen war. Nur ich war sicher und souverän genug, diesen Fisch für meinen Freund Rudi an Land zu ziehen. Also überlegte ich nicht lange, riß mir den Overall vom Körper und trat beherzt, nur in Schlafanzug und Gummistiefeln, ins Wasser.

Die Stelle war tiefer als ich dachte, und ich versank sofort bis zum Bauchnabel. Für einen Moment bekam ich keine Luft und spürte, wie all meine männlichen Attribute sich mikroskopisch verkleinerten. Dann fühlte ich das straffe Seil in meinen Fäusten und begann, daran zu zerren.

Der Widerstand ließ nach

Ein unglaublicher Widerstand stemmte sich mir entgegen, und eine Welle von Erregung, prähistorischer Jagdlust und Wärme durchströmte mich. Ich zog und zog, bis mir fast die Armmuskeln aus der Haut sprangen. Meine Augen waren eh schon aus den Höhlen gequollen.

Langsam wurde der Widerstand schwächer, und keuchend konnte ich Hand über Hand Seil einholen. Rudi hüpfte am Ufer auf und ab und schrie pausenlos. „Geh ran, hau rein. Wir sind Helden! Ich habe ihn gehakt und du holst ihn raus!"

Leichter und leichter glitt mir der Strick durch die Hände. Gleich würde der entkräftete Kapitale meiner unwiderstehlichen Kraft erliegen. Gleich würde sich ein schuppiges Monster mit dem weißen Bauch nach oben direkt vor mir ergeben. Wieder würde ein Mensch dank seiner Willenskraft und seiner intellektuellen Überlegenheit die Natur besiegen.

„Hast du einen Fotoapparat dabei?" japste ich, und Rudi fingerte zitternd vor Aufregung in seiner Jackentasche. „Klar, Mann", schrie er. „Das werden irre Fotos".

Blitz-Lichter zuckten

Direkt vor mir nahm eine unwirkliche Silhouette Formen an. Ein schwarzer Schatten, der über dem Wasser auf mich zugleitend größer und größer wurde. Erst war es nur eine Welle, dann ein zum Ungeheuer mutierender Trumm und endlich war es - ein Boot!

Gleißendes Licht umzuckte mich plötzlich, Blitz um Blitz blendete mich, und aus dunklen Männerkehlen dröhnte es. Rudi war am Ufer zu Boden gesunken und trommelte mit seinen Fäusten irre lachend auf den matschigen Boden. „April, April! Uaaahaha, ich mach mir in die Hosen!"

Ich stand im gestreiften Pyjama und mit offenem Mund im Wasser, während Kalle, Peter und Tilo vom Boot aus Foto um Foto schossen. Der junge Kalle, den ich in der Firma mal durch alle Abteilungen geschickt hatte, um Amboßöl zu besorgen. Peter, der lange Zeit überzeugt war, daß ich eine Montage zum Fang von fliegenden Fischen erfunden hätte. Tilo, der mal mit der Fernbedienung seines Videorecorders losgefahren war, weil ich ihm erzählt hatte, daß man damit rote Ampeln auf Grün schalten könne.

Ich versank in Ermangelung eines Mauseloches in den Fluten des Sees.

Meine Frau glaubte nur drei Tage, daß Rudi und ich einen tollen Hecht gefangen hätten. Dann erschien ein Foto in unserer Lokalzeitung. Überschrift: „Schlafwandelnder Angler im Pyjama..."

Norbert Arndt

21

Der Geheimtip

Klar, die Kneipe ist schuld. Immer beginnt alles zu vorgerückter Stunde in der Stammkneipe. Eigentlich sollte ich diesen Ort meiden. „Im Kanal, da mussu Karpfen angeln, da sind so´ne Kerle drinne, ehrlich!" Rainer verlor fast das Gleichgewicht, als er uns die Größe der Karpfen in der Luft vorruderte. Mit seinen blöden Fotos von den vielen Zwanzigpfündern und dem dicken Dreißiger ging Rainer normalerweise allen stark auf die Nerven, aber heute war das irgendwie anders: Wie von selbst wanderten meine Zigaretten in die Reichweite unseres Gastes, unseres liebgewonnenen Freundes....

Dankbar sprudelten geheimste Erkenntnisse aus dem sonst so verschlossenen Munde. Nach einer Investition von fünf Pilsen, wußten Frank und ich *alles*. Vom Rückweg erinnere ich mich noch an Karpfen so groß wie ausgewachsene Schweine, die vor unserem geistigen Auge schwebten.

Expedition ins Unbekannte

Am nächsten Abend starteten wir unsere erste Aufklärungsexpedition. Laut Karte mußten wir nur einen knappen Kilometer Wiese durchqueren. Also marschierten Frank und ich tapfer drauflos. Nach zehn Metern gab es den ersten Halt. Unglücklicherweise hatte ich im Halbdunkeln einen elektrischen Z-zz-aun übersehen...

Keine fünfzig Meter weiter tauchte aus dem Bodennebel ein trüber Entwässerungsgraben mit glitschigen Ufern auf. Insgeheim begann ich an der Qualität meiner Karte zu zweifeln; weder Viehzaun noch Graben waren verzeichnet. Da Frank die höheren Gummistiefel trug, sollte er vorangehen. Schon nach dem ersten Schritt schrumpfte Frank um Unterschenkellänge - leider entpuppte sich der Graben als Morast.

Zum Glück fing es plötzlich an zu gießen. Ich wurde durch und und durch naß, und Frank unter dem Schlamm wieder sichtbar.

Zement und Schiffschrauben

Von da an setzten wir unsere Expedition zu unbekannten Angelstellen am Kanal im Industriegebiet fort. Auf dem Gelände einer abgerissenen Fabrik fanden wir im Windschatten einiger verbeulter Container endlich unser idyllisches Plätzchen.

Der erste Tag blieb ruhig. Wir verkürzten uns die Zeit mit mehrere kleinen Mißgeschicken: Im Zementboden unseres Angelplatzes gab es einfach keinen Halt für den Schirmständer. Zum Schluß war mein Rücken genau so krumm wie der Erdspeer. Dann entglitt die Feststellschraube meines Superschirms meinen klammen Fingern und verschwand mit einem lustigen <I>PLING<I> im Packufer. Nicht gewillt mir meine gute Laune verderben zu lassen, eröffnete ich Frank, daß wir wohl das Wochenende gemeinsam in *seinem* Schirmzelt verbringen müßten. Zur Bekräftigung meiner Absicht ließ ich mich auf sein *Super De Luxe Bed Chair* fallen - allerdings

ohne zu ahnen, daß dieser schlechte Mensch ausgerechnet dort seine Karpfenhaken samt Boilienadel deponiert hatte.

An die folgende Nacht erinnere ich mich nicht so gern. Immerhin konnte jeweils einer von uns abwechselnd seine Füße ausstrecken. An Schlaf war nicht zu denken, dafür war es viel zu kalt. Es regnete und manchmal hagelte es auch. Gegen Vormittag verlor ich die Geduld: „Will denn keiner mal beißen!", verfluchte ich diese blöden Muffmolche, die es wagten... - und bereute es bald.

Die Visage des Freizeitskippers, der zehn Minuten später unverschämt dicht mit seinem Motorboot am Ufer entlang düste, erkenne ich unter Zehntausenden ähnlicher Kreaturen wieder. Garantiert. An verträumte, ruhige Waldweiher gewöhnt, begriff ich natürlich nicht, was Sache war und dachte nur, als die Bißanzeiger heulten: Endlich ein Biß!

Und noch einer?! Mit einem Riesensatz hechtete ich los, dummerweise zeitgleich mit Frank. Kopf an Kopf donnerten wir am Eingang zusammen. Dann wurde es schwarz, weil das Zelt über uns zusammenbrach. Unter dem ohrenbetäubenden Piepsen von mittlerweile sechs elektronischen Bißanzeigern zappelten wir uns frei.

Wenn zwei Angler gegen sechs Ruten kämpfen, ist das ungerecht, da die Ruten in der Überzahl sind. Ein gewaltiger Zug riß Schnur von allen Rollen. Frank starrte fassungslos auf seine Rolle, von der zügig weiter die Klänge herabflogen. „Schiffsschrauben muß man beim Biß Zeit lassen. So um die hundert Meter hat er schon...."

Mein Schnurende flatterte vor mir im Wind wie eine weiße Fahne. Ein guter Kontrast zu dem schwarzgrauen Wolkenburgen am Himmel. Ich fühlte mich unheimlich müde, mein Kopf hämmerte und ich wollte nur weg, endlich ins warme Bett.

Übrigens: Sonntagabend in der Kneipe traf ich Frank im Gespräch mit Dietmar: „Im Kanal, sag´ ich Dir, mitten in der Stadt. Und keiner unter 15 Pfund..." Wie gesagt, eigentlich sollte man diesen Ort meiden.

Wulf Plickat

Manfred, der Jogger,

E s handelt sich um meinen Freund Manfred. Manfred ist als Beamter - wen wundert's - zu einer sitzenden Tätigkeit gezwungen, und das die ganze Woche lang. Dies muß wohl der Schlüssel zu einem geradezu unbändigen Bewegungsdrang an den Wochenenden sein. Nun hätte sich Manfred, wie viele seiner ebenfalls sitzenden Leidensgenossen, auch der „Jogger"-Bewegung anschließen können, um seinen Bewegungsdrang zu befriedigen. Tragischerweise aber hat er sich für das Angeln als Ausgleichssport entschieden.

Dies scheint zunächst ein Widerspruch in sich zu sein, denkt man an die bekannte Karikatur des Anglers, der stundenlang ruhig sitzend auf seine Pose starrt. Manfred ist allerding fähig, so vermeintlich gegensätzliche Sportarten wie Angeln und Laufen unter einen Hut zu bringen. Sie werden gleich sehen, wie!

Kurze Ruhe

Verabreden Sie sich mit Manfred zum Karpfenangeln, und "Trimm-Trab" wird Ihnen vorkommen wie Schneckenkriechen im Verhältnis zu Windhundrennen! Am See angekommen, legen Manfred und Sie Ihre Karpfenruten aus. Sie lehnen sich in Ihrem Stuhl zurück, holen die Thermoskanne mit dem Kaffee aus dem Rucksack. Die Sonne scheint, die Vögel singen - kurzum, alles ist so, wie man sich den Beginn eines mustergültigen Angeltages vorstellt.

10, 20 Minuten geschieht gar nichts. Nach 30 Minuten beginnt Manfred unruhig zu werden. Diese erste Phase leitet er meist ein mit den Worten: „Nanu - (lange Pause) - daß sich heute aber überhaupt nichts rührt ...!?" Nach weiteren zehn Minuten holt Manfred die erste Rute ein und wechselt die Kartoffel gegen einen Tauwurm aus. Nichts geschieht. Manfred holt die zweite Rute ein, demontiert die Pose und knüpft ein Grundblei an. Wieder tut sich nichts.

Nach einer weiteren halben Stunde schlägt Manfred erstmals vor, den Platz zu wechseln: „Ich glaube, wir sollten es mal vorn am Schilf probieren. Was meinst du?"

Während Sie noch das Für und Wider eines Platzwechsels abwägen, hat Manfred bereits in Windeseile Ihr Schweigen als Zustimmung gedeutet, seine Ruten zusammengepackt, die Köder im Rucksack verstaut, den Stuhl unter den Arm geklemmt und sich auf den ca. 2 km langen Weg zur Schilfbank gemacht.

Aufbruch

Sie könnten jetzt natürlich sitzen bleiben. Aber: Es tut sich ja nichts, vielleicht ist es am Schilf tatsächlich günstiger... Also räumen Sie ebenfalls Ihre Siebensachen zusammen, werfen dabei die (offene) Thermoskanne um und eilen Manfred nach. Der empfängt Sie am Schilf mit den Worten: „Wo bleibst du denn?" Sie murmeln eine Entschuldigung und wollen gerade Ihre erste Rute zusammenstecken, als Manfred entsetzt einwendet: „Nein, nein!! Hier habe ich schon probiert. Das hat gar keinen Sinn. Gehen wir lieber zum Bacheinlauf."

Auf dem weiteren, ein Kilometer langen Weg rutscht Ihnen der Angelstuhl von der Schulter, kobolzt das Ufer hinunter und verschwindet auf Nimmerwiedersehen in den Fluten. Am Bacheinlauf angekommen, montieren Sie vorsichtshalber nur noch eine Karpfenrute. Vergeblich! Nach 25 Minuten stellt Manfred fest, daß hier ebenfalls Hopfen und Malz verloren seien. Überhaupt habe er die See-Angelei schon lange satt und sei eigentlich nur mitgegangen, damit Sie endlich auch mal einen Karpfen fangen.

Wieder hat Manfred seine Gerätschaften doppelt so schnell zusammengepackt und gibt siegessicher die neue Parole aus: „Jetzt geht's ab an die L. auf Barsche!"

Nach dem unvermeidlich langen Rückweg zum Parkplatz, auf dem Manfred Sie immer wieder antreibt, wie ein Kamel auf dem Weg zur Oase (ähnlich bepackt sind Sie ja ohnehin), erreichen Sie schließlich den Platz mit dem Auto, werfen ihre gesamte Ausrüstung in den Kofferraum („Rucksäcke nach hinten, Stiefel nach unten, Angelruten obendrauf, dann geht das Auspacken schneller!"

An der L. angekommen, stellen Sie beim Öffnen des Kofferraumes fest, daß sich Ihre Karpfenruten mit Posen, Haken, Schnur und Wirbeln in ein chaotisches Durcheinander verwandelt haben. Außerdem hat sich der Deckel Ihrer Wurmdose während der Fahrt gelöst, und die verstreuten Würmer suchen am Boden des Kofferraumes vergeblich nach einer Ausstiegsmöglichkeit. Gottseidank haben Sie noch Maden mitgenommen (zu diesem Zeitpunkt wissen Sie noch nicht, daß Sie die bereits beim ersten „Alarmstart" im Ufergras vergessen haben).

Es kommt, wie es kommen muß: Die Barsche in der L. sind wie vom Boden verschluckt. Genauso die Forellen im Mühlenkolk an der K., die Barben auf der Sandbank bei F., die Häslinge an der Krautinsel in der G. und die Döbel unter dem versunkenen Baum an der Straßenbrücke bei A. (Hier ist sogar der abgesoffene Baum nicht mehr da. Logisch-messerscharfe Erklärung von Manfred: „Wo kein Baum mehr im Wasser ist, da können auch keine Döbel sein! Also: Auf nach M.!")

Schneller Wechsel

Am Abend setzt Manfred Sie wieder vor der Haustür ab. „Schön war's! Auch wenn wir nichts gefangen haben. Tja, nicht jeder Angeltag ist eben auch Fangtag. Aber wir brauchen uns jedenfalls nicht vorzuwerfen, wir hätten nicht alles probiert. Wie sage ich immer:

Das Wichtigste beim Angeln ist, flexibel zu sein!"

Ihnen fällt selbst das Händeschütteln zum Abschied schwer, für Widersprüche sind Sie viel zu müde. An Kleinigkeiten, wie den

Verlust Ihrer Lieblingspfeife, die Ihnen im Laufe des Tages aus der Tasche in den tiefen Kolk bei Z. (oder war es F.?) gefallen ist, wollen Sie lieber nicht denken.

Ich will - der Vollständigkeit halber und zur Ehrenrettung Manfreds - nicht unerwähnt lassen, daß er in meinem Angelclub unter neuen Mitgliedern quasi als „Geheimtip" gehandelt wird. Man sagt ihm nach, er könne einem als einziger alle fängigen Angelstellen der Clubgewässer in nur einem einzigen Vormittag vorführen. Eigentlich wollte ich Sie jetzt noch mit Karl-Heinz bekanntmachen. Er ist ein weiterer Freund von mir und hat den „Beißkalender-Tick". Jetzt bleibt mir aber leider keine Zeit mehr dafür. Eben rief nämlich Manfred an und hat mich zum Forellenangeln eingeladen.

„Bring aber vorsichtshalber dein Hechtgeschirr mit, man kann schließlich nie wissen!"

Michael Schöpe

Feuer und Eis

Mein Freund Willy ist ein Genie. Jedenfalls hält er sich nach einigen Gläsern für ein solches und sucht seine geistige Verwandschaft dann bei den Großen dieser Welt. Dabei bin ich sicher, daß sein Gehirn keinerlei Aussicht hat, dereinst in Spiritus für die Nachwelt aufbewahrt zu werden.

Willy ist von einer fast krankhaften Bastelleidenschaft befallen, und wer ihn sucht, muß in dunklen Kellern, auf verstaubten Dachböden oder in überquellenden Mülltonnen zu Hause sein.

In der Herstellung von Angelgeräten ist er Meister, auch wenn man beim Anblick seiner Kunstwerke durchaus anderer Meinung sein kann. Meine Ausrüstung, die natürlich nicht aus seiner Werkstatt stammt, nennt er geringschätzig billigen Plunder.

Wann immer mir aber von meinen Geräten etwas zerbrach, er hatte Ersatz und bot mir großzügig davon an, wobei er seine Schadenfreude über mein Mißgeschick nie verbergen konnte. Ich muß gestehen, daß ich jedesmal voll heimlicher Sehnsucht auf den Tag wartete, der die Rollen vertauschte. Nach bestimmten mathematischen Gesetzen war die Wahrscheinlichkeit, daß sich dieses Ereignis noch zu meinen Lebzeiten ereignete, recht groß. Ich dachte schon fast nicht mehr daran, als dann eines Morgens doch der Tag anbrach, von dem ich nun berichten will.

Wir waren nicht nur Angel-, sondern auch sonst recht gute Freunde, und deshalb saß Willy mit Familie am ersten Weihnachtstag zum Nachmittagskaffee bei mir. Nachdem wir sowohl über die Politik als auch über das Gedeihen der Kinder alles gesagt hatten, was nötig war, meinte Willy plötzlich: „Was meinst du, ob wir morgen mal ans Wasser gehen?" Meine Frau, sonst in anglerischen Dingen recht großzügig, opponierte: „Bei euch piept's wohl." Und so unrecht hatte sie ja nicht, denn seit Tagen war das Thermometer nicht mehr über minus 5 Grad hinaufgeklettert. „Meinst du wirklich, daß die Fische bei dieser Kälte beißen?", fragte ich zurück und hatte damit wohl seiner Frau das passende Stichwort geliefert. Vorwurfsvoll meinte sie: „Nicht einmal während der Feiertage könnt ihr zu Hause bleiben und überhaupt, was sollen denn die Leute sagen?"

Nun, was in solchen Fällen die Leute sagen, hat mich noch

nie gestört, denn was immer einer macht, irgendeiner findet immer ein Haar in der Suppe.

Unter Protest

Viel wichtiger war für mich die Frage, wie man bei diesem Wetter ein Loch in die Eisdecke bekäme. „Laß das nur meine Sorge sein", lächelte Willy hintergründig, und so wurde dann, gegen den lauts-

tarken Protest der holden Weiblichkeit, der kommende Morgen als Termin für die weihnachtliche Angeltour ausgemacht.

In der folgenden Nacht sank das Thermometer auf minus 10 Grad C. Die Versuchung, dem Rat der Frauen zu folgen und im warmen Bett zu bleiben, war riesengroß.

„Ein Mann, ein Wort", dieser Ausspruch stammt sicher nicht von einer Frau. Was blieb mir jetzt anderes übrig, als mit der Gelassenheit eines Delinquenten, der seinen letzten Gang antritt, längst vergessene Wollsocken, dicke Pullover und eine zweite, schon leicht zerknitterte Hose aus ihren Verstecken hervorzukramen. Sehr zum Leidwesen meiner Frau, deren Sinn für Ordnung und aufgeräumte Schubladen sehr darunter litt.

Um acht Uhr morgens klingelte es, man konnte sich auf Willy

verlassen. „Noch kälter als gestern" und „Guten Morgen", dröhnte sein Bass. „Psst, nicht so laut, die Kinder schlafen doch noch", ließ sich meine Angetraute aus dem Schlafzimmer vernehmen. Wir machten, daß wir fortkamen.

Die Kälte empfing uns wie ein Peitschenschlag. Man fror schon beim Gehen, wie sollte es erst am Wasser werden? Ich habe für dich mitgedacht und vorgesorgt, damit wir am Wasser nicht frieren müssen". Bei diesen Worten wies Willy auf seine prallgefüllte Tasche und sah mich dabei wieder mit dieser seltsamen Mischung aus Schadenfreude und Überheblich-keit an.

„Die Tasche ist voll mit trockenem Holz und Feueranzündern", griente er, und mir blieb nichts anderes übrig, als ihn für seine Weitsicht auch noch zu loben. So schlimm, wie es anfänglich aussah, konnte es demnach nicht werden.

Wir brauchten 20 Minuten bis zu einem scharfen Knick am hier etwa 5 Meter breiten Flüßchen. Das Wasser an dieser Stelle war ca. ein Meter tief und aus der wärmeren Jahreszeit als äußerst fischreich bekannt.

Wie Rübezahl

Während ich mich daran machte, aus dem Inhalt von Willys Tasche und herumliegenden Zweigen und Ästen ein Feuer zu entfachen, rückte Willy mit seinem dicken Pfahl, der mit seinen Dimensionen einem Rübezahl als Wanderstab gedient haben mochte, dem Eis zu Leibe. Weithin dröhnten seine Hiebe, knackende Risse liefen von einem Ufer zum anderen, aber die Eisdecke hielt. Ganz gegen seine Gewohnheit bat er mich um Entschuldigung und um Mithilfe. „Das Eis ist mindestens 5 cm dick, das schaffe ich alleine nicht", resignierte er und sah mich dabei auffordernd an. Mit vereinten Kräften schafften wir es schließlich, ein genügend großes Loch zu schlagen, während das Feuer hinter unserem Rücken schon eine angenehme Wärme verbreitete.

„Ich werde mich auf diese Seite des Feuers setzen", brummte Willy nach getaner Arbeit und blieb gleich rechts vom Feuer sitzen. Seine Angelrute Marke Eigenbau lag ohnehin schon dort.

Auf der anderen Seite des Feuers machte ich es mir bequem, und schon nach kurzer Vorbereitung warfen wir fast gleichzeitig die beköderten Angeln ein.

Während ich noch darüber nachdachte, inwieweit der Lärm beim Aufschlagen der Eisdecke die Fische wohl zum Bleiben veranlaßt hatte, hörte ich trotz der prasselnden Flammen Willys aufgeregte Stimme: „Du, bei dir beißt einer, siehst du das denn nicht?" Tatsächlich, ein halbpfündiges Rotauge zappelte am Haken. Das war der Auftakt für eine Beißerei, wie man sie zu dieser Jahreszeit nicht häufig erlebt. Es biß wie toll, fast kam ich mit dem Anködern der Würmer nicht so schnell nach, wie sie genommen wurden. Allerdings nur bei mir! Willy starrte wie hypnotisiert in das Eisloch, aber seine Würmer wurden ignoriert.

Willy rückt näher

Langsam stellte sich bei mir ein Gefühl ein, wie ich es schon lange erhofft hatte. Heute konnte ich Willy mit der gleichen Überheblichkeit strafen, wie er es sonst zu gerne bei mir tat.

Gönnerhaft meinte ich nach einer Weile: „Rück doch näher zu mir heran, vielleicht klappt es dann besser." Gleichzeitig machte ich mit der Hand ein einladende Handbewegung zu mir hin.

Also rückte Willy noch ein wenig näher zu mir und den glutheißen Flammen zwischen uns, um seine Angel noch dichter an meinen schon wieder einen Biß signalisierenden Schwimmer werfen zu können. Es nützte allerdings überhaupt nichts.

Man sah förmlich, wie der Zorn in Willy hochkroch, und dann war es auch schon mit seiner Beherrschung vorbei. „Wenn an diesen Knüppeln" - damit meinte er seine wunderbaren, handgearbeiteten Ruten - „kein Fisch anbeißen will, dann mache ich Brennholz daraus", brüllte er los, und ehe ihn jemand hätte hindern können, flogen seine Eigenfabrikate, Produkte stundenlangen Werkelns, in das hoch auflodernde Feuer. Es wärmte nach dieser außerplanmäßigen Fütterung noch besser als zuvor.

Nach diesem Gewaltakt war ihm wohler, und seine Stimme klang schon wieder recht versöhnlich, als er mich fragte, ob wir nun nach Hause gehen sollten. Stumm nickte ich, denn Fische hatte ich genug gefangen, und außerdem hatten wir versprochen, den Nachmittag im Kreise der Familie zu verbringen.

Willys Aufstehen von seinem kleinen Stuhl läutete nun den letzten Akt des Dramas ein. Es begann damit, daß verschiedene Teile seiner Hose, die wegen des Feiertages zu seinem besten Anzug gehörte, sich an einigen Stellen weiß färbten. Erst bei genauerem Hinsehen erkannten wir, daß die handtellergroßen Flecken nur deshalb so weiß waren, weil sie zu Willys Unterhose gehörten.

„Mensch Willy, was ist mit deiner Hose passiert?" staunte ich. Er begriff noch nicht, was ich eigentlich wollte, und erst mein Finger, mit dem ich in den verkohlten Teilen seiner Hose bohrte, brachte ihm das Tragikomische seiner Lage zum Bewußtsein. „Ich werde verrückt, wie soll ich denn jezt nach Hause kommen?", war alles, was er hervorbrachte.

Ich fühlte, dies war meine Stunde, und so dozierte ich: „Mein lieber Willy, hättest du ein vernünftiges Gerät gehabt wie ich, statt dieser selbstgebastelten Knüppel, hätten die Fische auch bei dir gebissen und du hättest nicht so nahe an das Feuer rücken müssen, was deiner Hose nicht bekommen ist." Er versprach, sich beim Kauf neuer Ruten von mir beraten zulassen.

Da wir Freunde waren, zog ich die am Morgen wegen der Kälte angezogene zweite Hose aus und gab sie Willy, damit ihm eine Anzeige wegen Erregung öffentlichen Ärgernisses erspart blieb. Er war ja schon gestraft genug.

Über den Empfang zu Hause möchte ich aus verständlichen Gründen lieber nicht berichten, und was das Abbrennen von Feuern beim Angeln betraf, so wollte Willy für lange Zeit nichts mehr davon wissen.

R. Sack

Isaacs Entscheidung

In Isaac Waltons Standardwerk „Der vollkommene Angler" streiten sich in der Anfangsszene ein Falkner, ein Jäger und ein Fischer über die jeweiligen Vorzüge ihres Sports.

„Streiten" ist natürlich weit übertrieben, denn immerhin waren die drei Herren hochadliger englischer Herkunft.

Meine Freunde Hinrich Küselbaum und Hannes Malzmann können sich zwar als legitime Nachfahren des großen Meisters Walton bezeichnen, die sog. „feine englische Art" ging ihnen jedoch - zumindest an jenem Abend - etwas ab ...

„... Und ich sage dir", hob Hinrich Küselbaum mit hochrotem Kopf erneut an, „Karpfenangeln ist das einzig wahre!"

„Natürlich, natürlich", entgegnete Hannes Malzmann nicht weniger erregt, „für Leute wie dich, die zu faul zum Laufen sind!"

„Weißt du eigentlich (Hinrich Küselbaum hatte seine Stimme jetzt gefährlich gedämpft und zeigte mit dem Zeigefinger auf Hannes Malzmann), warum du nur auf Forellen angelst? Na? Weil die Forelle bekanntlich der dümmste Fisch auf Gottes Erde ist! Sie beißt nämlich auf alles, was sich bewegt. Glaubst du vielleicht, ein Karpfen wäre so blöd, hinter einem Stück Blech herzuschwimmen, das du durchs Wasser ziehst? Niemals! Karpfen, ha, ha, Karpfen sind Feinschmecker!" Hinrich fuhr sich bei diesen Worten über die Lippen, wie der vorab zitierte Feinschmecker beim Anblick eines raffiniert zusammengestellten Menüs.

„Der Fisch, der den Fensterkitt, den du als „Wunderteig" bezeichnest, frißt, dem müssen die Geschmacksnerven doch wohl schon in grauer Vorzeit abhanden gekommen sein!" Hannes Malzmann grinste bei diesen Worten grimmig.

Das mit dem Teig war zuviel!

Hinrich Küselbaum ist Karpfenangler, solange ich zurückdenken kann. Und Hinrich Küselbaum schwört auf seine Wunderteige.

Also hob Hinrich seine schwere Faust und ließ sie auf die Tischplatte donnern: „Jetzt reicht's! Das brauche ich mir nicht sagen zu lassen!"

Darauf erhob er sich und verließ den Ort des Geschehens, ohne sich auch nur noch einmal umgeblickt zu haben.

„Was?" Hannes Malzmann war aufgesprungen. „Du brauchst dir das nicht gefallen zu lassen? Ich lasse mir das nicht bieten!"

Hannes knallte sein Bierglas auf den Tisch und ging ebenfalls.

Ich hatte mich diskret im Hintergrund aufgehalten. Was sollte ich auch sagen? Bedauerlicherweise angle ich nämlich genauso gern auf Karpfen wie auf Forellen. Man soll sich bekanntlich nicht mehr Feinde schaffen als unbedingt erforderlich ...

Was, so fragte ich mich, hätte Isaac Walton jetzt wohl gesagt?

Hannes Malzmann rief mich eine Woche später wieder an:

„Du erinnerst dich doch sicherlich noch", so begann er verlegen, „an die kleine, hm, Unstimmigkeit, die ich letzte Woche mit Hinrich Küselbaum hatte?"

„Ach", sagte ich, „du meinst diese harmlose Auseinandersetzung über das Für und Wider ..."

Leichter zu fangen

„Genau", sagte Hannes Malzmann gequetscht. „Ich habe den Hinrich übrigens zwischenzeitlich wieder getroffen, das heißt, eigentlich wollte ich mehr Hinrichs Tochter, die Lieselotte, treffen ..."

„Ja, und?"

„Nun ja, du weißt ja, die Lieselotte und ich ... Jedenfalls: als ich Lieselotte am letzten Wochenende abholen wollte, stand Hinrich statt ihrer in der Tür und hat gesagt, ich solle doch lieber meinen Forellen nachlaufen als seiner Tochter. Die seien nämlich viel, viel leichter zu fangen."

Was, so fragte ich mich, hätte Isaac jetzt wohl geraten?

Schließlich kam mir die Idee.

„Da gibt es nur eins! Entweder wirst du Karpfenangler, Hinrich Forellenangler oder ihr werdet beide beides!"

Hannes lachte schrill auf: „Bis ich so gut Karpfen fangen kann wie Hinrich Küselbaum, ist Lieselotte eine alte Jungfer. Und bevor Hinrich auf Forellen angelt, tragen eher die Karpfen Krawatten!"

Das entbehrte, wie ich zugeben mußte, nicht einer gewissen Logik, wie ich im Hinblick auf Hinrich Küselbaums Einstellung zum Forellenangeln und der allgemeinen Kleiderordnung für Karpfen zugeben mußte.

Da ich keinen besseren Rat wußte, beschlossen Hannes und Lieselotte, sich während der Zeit des kalten Krieges sozusagen auf „neutralem Boden" zu treffen. Gemeinsam machten sie vom Angebot der örtlichen Volkshochschule Gebrauch und belegten einen Kurs über den „Sternenhimmel im August". Da die Vorlesungen nur einen Monat dauerten, belegten beide sofort anschließend die weiterführende Veranstaltung über „Gestirnenkunde im Allgemeinen". Als Lieselotte darauf noch Vorlesungen über „Die Aussichten der Raumfahrt in unserem Jahrhundert" hören wollte, wurde Hinrich Küselbaum allerdings mißtrauisch und buchte stattdessen für sie einen Nähkurs. Bei diesem mußte Hannes Malzmann bedauerlicherweise passen.

Irgendwann, so nehme ich jedenfalls an, hatte Petrus - obwohl an und für sich für Herzensangelegenheiten nicht zuständig - ein Einsehen. Vielleicht lag es auch an Hannes' außergewöhnlich beeindruckenden Kenntnissen der himmlichen Gefilde. Petrus, oder der Zufall, (oder sollte gar Isaac ...) oder auch alle drei gemeinsam zauberten jedenfalls Hinrich Küselbaum an einem regnerischen Septembertage einen Mordskarpfen an die Angel.

Ich will Ihnen die Einzelheiten des aufregenden Drills ersparen. Jedenfalls brachte der Karpfen kurz vor der Landung ein Büschel Schilf zwischen sich und den keuchenden Küselbaum. Es kam, wie es kommen mußte: Küselbaum zog an der einen, der Mordskarpfen an der anderen Seite der Schnur, diese riß daraufhin, und der Karpfen sauste unter Zurücklassung des fluchenden Küselbaums und Mitnahme der Pose samt Vorfach in Richtung Seemitte - just in dem Augenblick, als Hannes Malzmann und ich um die Ecke bogen, die Forellenruten über die Schulter, denn wir waren auf dem Weg zum nahegelegenen Forellenbach.

„Weg!", sagte Hinrich Küselbaum gequält, als wir ihn erreichten.

„Nein!", rief Hannes plötzlich aufgeregt. „Da! Die Pose!"

Noch eine Chance

Tatsächlich hatte der Karpfen nicht nur Vorfach und Pose, sondern auch ein ordentliches Stück Angelschnur mitgenommen und zog jetzt in einiger Entfernung vom Ufer seine Kreise, wobei die abgerissene Pose wie das Periskop eines U-Bootes durch das Wasser pflügte.

„Hannes", sagte ich ganz ruhig, „das ist deine letzte Chance! Den holst du dir!"

Hannes blickte mich zunächst verständnislos an, doch dann begriff er um so schneller.

Blitzschnell hatte er seine Forellenrute ergriffen und einen leichten Forellenspinner angebunden.

Hannes, der mir nur zu oft gezeigt hat, wie man in bierdeckelgroße Buschlücken wirft, schätzte die Entfernung, holte kurz aus ... Der Blinker sauste durch die Luft und schlug etwa einen Meter neben der hin- und herziehenden Pose ein.

36

„Ha", kommentierte Hinrich Küselbaum grimmig, „Forellenangler ..."

Der zweite Wurf verfehlte sein Ziel noch knapper.

„Ja, ja", sagte Hinrich Küselbaum, „Blech durch die Luft schmeißen, das kann er ...!"

Hannes holte jetzt mit zitternden Händen erneut aus. Wurf - der Blinker klatschte ca. 20 cm hinter der Pose ein - Hannes zog kurz und trocken an - und schon kreischte die Rolle auf.

Was nun folgte, kann als eine der Sternstunden der Angelfischerei betrachtet werden. Hannes erlebte in nur einer Viertelstunde alles, was andere in einem ganzen Anglerleben nicht durchzustehen haben:

25-er Hauptschnur, leichte Forellenrute, Mordsfisch, keuchen, schwitzen, fluchen, schlaffe Schnur („jetzt ist er weg - nein, noch nicht!"), Rollenbremse auf, Rollenbremse zu („jetzt geht er ins Schilf ... nein, er dreht bei!").

Nach einer Viertelstunde stieg Hinrich Küselbaum ins Wasser, schob seinen Kescher unter den japsenden Karpfen und beförderte sich und ihn ans rettende Ufer.

„Der hat gut 15 Pfund!", stellte Hannes Malzmann erschöpft und fachkundig fest. Hinrich Küselbaum schaute nur kurz den Fisch an, schlug Hannes dann krachend auf die Schulter und sagte nur: „Menschenskind!"

Vor einer Woche traf ich Hinrich Küselbaum an meinem Lieblingskolk - beim Forellenfischen. Mit einer sehr ordentlichen „Rotgetupften" im Drill. „Nun komm´ schon", ächzte er, „stell dich nicht an wie ein störrischer Karpfen!"

Vor drei Tagen traf ich Hannes Malzmann am See, als er gerade im Begriff war, einen sehr ordentlichen Karpfen zu keschern: „Toll! Fast so schön wie eine Forelle!"

Am vergangenen Wochenende traf ich Hinrich und Hannes gemeinsam bei meinem Gerätehändler.

„... und am Sonnabend geht´s auf Karpfen!", sagte Hannes - der Forellenangler.

„... und am Sonntag auf Forellen!" sagte Hinrich - der Karpfenangler.

„Geht nicht", sagte Hannes, „da habe ich Lieselotte versprochen, mit ihr ..."

„Genauso gut", meinte Hinrich Küselbaum mit einer verständnisvollen Handbewegung!

Das hätte Isaac wahrscheinlich auch gesagt!

Michael Schöpe

Nächste Saison wird alles besser

Die Mitglieder unseres Vereins sind über Hinnerk geteilter Meinung. Aber ich lasse nichts auf ihn kommen. Hinnerk ist ein feiner Kerl, zuverlässig und immer freundlich. Nur, viele sagen, er sei, was das Denkvermögen betrifft, von der Natur etwas benachteiligt worden. Doch diese Behauptung muß ich strikt zurückweisen, denn dumm ist er wirklich nicht. Nein, er hat vielmehr die Angewohnheit, etwas zu kompliziert zu denken.

Zu Beginn der letzten Angelsaison stellte Hinnerk dies wieder vortrefflich unter Beweis.

Also: Ein unangenehmer, regnerischer Januartag. Das Wetter ist derart schlecht, daß ich beschließe, das für das Wochenende geplante Meerforellenangeln ausfallen zu lassen. Stattdessen besuche ich meinen Freund Hinnerk.

Hinnerk ist heilfroh, endlich mit einem „Leidensgenossen" reden zu können, denn als Aal- und Zanderangler sind wir mit einer jahreszeitlich bedingten Zwangspause gestraft. Wobei Hinnerk eigentlich mehr ein Allroundangler ist, den es allerdings im Winter so gut wie nie ans Wasser zieht.

„Du", sagt Hinnerk, „ich kann die kommende Saison kaum abwarten. Ich hab´ schon alles ganz genau geplant."

In diesem Moment muß ich Hinnerk unterbrechen. „Hinnerk, das hat doch gar keinen Sinn. Das kommt doch sowieso alles anders als man sich das vorstellt."

„Nein, nein, nein", winkt Hinnerk ab, „Du wirst schon sehen. Nächste Saison wird alles besser. Es gibt da nur ein paar Regelmäßigkeiten, die man beachten muß, und dann ist die Planung der Saison ein Kinderspiel. Paß auf, im Mai geht es auf jeden Fall am Kanal auf Aal, denn dann ist das Wetter meistens schön. Und wenn es nicht so schön ist, dann gehen wir eben nicht an den Kanal." Aha. Ganz logisch. „Dann fahren wir zum Fluß und angeln Hechte", fährt er fort, „die beißen dann nämlich ganz besonders gut." Plötzlich verfinstert sich seine Miene. „Ach, nein, wenn das Wetter nicht so gut ist, dann ist die Wahrscheinlichkeit ziemlich groß, daß der Fluß Hochwasser hat, dann können wir da nicht angeln. Dann müssen wir eben zum See, auf Zander oder Aal - ach, da fällt mir gerade ein, wie sieht es denn da mit dem Mond aus? Da muß ich doch glatt mal nachsehen."

Hektisch durchsucht er das Regal nach dem Kalender, die Küchenschubladen, die Kleiderschränke, schaut unter dem Sofa, auf der Fensterbank, fragt entnervt seine Frau - die weiß auch nichts von dem elendigen Kalender, und schließlich findet er ihn in seiner Jackentasche.

„Ah, ja, da haben wir es ja: Mitte Mai - Vollmond, sehr schön. Moment, Moment, das ist ja gar nicht so schön, denn Mitte Mai habe ich Urlaub, und wenn das Wetter dann schön ist, scheint der Mond zu hell, und wir können nicht auf Aal gehen. Also, wenn das Wetter schön ist, müssen wir eben tagsüber am Teich auf Karpfen angeln, und wenn es nicht so schön ist, dann gehen wir am Fluß auf Hechte - außer das Wetter ist ganz schlecht, dann hat der Fluß näm-

lich Hochwasser. Dann gehen wir eben an den See und angeln Aale oder Zander. Aber halt! Was ist, wenn wir dann auch noch Ostwind haben? Das ist ja richtig kompliziert!"

Das dachte ich bisher eigentlich nicht, aber je mehr ich versuche, Hinnerks Gedanken zu folgen, desto mehr bin ich geneigt, ihm zuzustimmen.

„Aha, ich hab´s!" ruft Hinnerk begeistert. Die Spannung steigert sich ins Unermeßliche. „Dann gehen wir zum Hechtangeln - aber nicht an den Fluß - sondern an den See. Vorausgesetzt, ich habe bis dahin mein Echolot. Aber dann ist das natürlich todsicher."

„Und was ist, wenn die Hechte im See einfach keinen Hunger haben oder gar ausgestorben sind?" wende ich ein.

Doch das hätte ich besser nicht tun sollen, denn jetzt bricht ein ungeheurer Redeschwall über mich herein. „Nun hör' doch auf mit deinen unqualifizierten Bemerkungen. So bringst du meine Planungen auch nicht durcheinander. Dann gehen wir eben auf Karpfen oder Schleie, oder auf Aale oder Zander, oder auf Brassen. Fest steht auf jeden Fall, in der Nacht vom 30. April auf den 1. Mai angeln wir auf Aal - ach nein, beinahe hätte ich es vergessen, da wollte ich doch mit meiner Frau zum Tanz in den Mai. Dann holen wir das eben am folgenden Wochenende nach. Da geht der Mond um 22.43 Uhr auf, und wenn wir dann gleich einpacken, kann ich noch den Spätfilm sehen. Und am nächsten Tag angeln wir mit Wurm auf Schleie oder andersrum im Teich Oder-was-weiß-ich-nicht-was-irgendwas-wird-sich-schon-finden!"

Armer Hinnerk! Das Problem scheint ihn jetzt überfordert zu haben. Da sitzt er mit an die Decke gerichtetem, apathischem Blick, schweißüberströmt und fix und fertig. Man sieht regelrecht, wie es in ihm arbeitet. Ich habe das Gefühl, gleich müßte sein Kopf anfangen zu rauchen. Kurze Zeit später würde er dann der unglaublichen Fülle von Gedanken nicht mehr standhalten können und mit einem lauten Knall explodieren. Aber plötzlich entspannt sich sein verkrampftes Gesicht. Er sieht wieder richtig wie ein Mensch aus.

„Weißt du was?" Seine Frage klingt, als sei ihm gerade die Erleuchtung widerfahren.

„Was denn", frage ich erwartungsvoll zurück.

„Es hat überhaupt keinen Sinn, sich darüber den Kopf zu zerbrechen. Es kommt ja sowieso immer alles anders als man sich das vorstellt. Ich schlage vor, wir lassen alles ganz locker auf uns zukommen und entscheiden uns dann nach den gegebenen Bedingungen. Und dann wird nächste Saison wirklich alles besser."

Wie ich schon sagte, Hinnerk ist nicht dumm. Mich hat er nach gründlicher Gehirnwäsche auf jeden Fall völlig überzeugt. Kommt mir nur so vor, als hätte ich das schon mal gehört.

Hein Diegelmann

Die seltsame Wandlung des a.A.

Alle bei uns im Verein kennen ihn. Aber keiner mag ihn. Dabei ist er jetzt bereits 20 Jahre für den Verein ehrenamtlich tätig. Er ist immer korrekt, peinlich korrekt sogar. Er ist pünktlich, pünktlicher als ein Uhrwerk. Das muß man nämlich gelegentlich aufziehen. Aber aufziehen läßt sich Arthur Krumbein nicht. Seit 20 Jahren ist er bei uns Fischerei-Aufseher und mit diesem Ehrenamt sind Späße nicht vereinbar. Meint jedenfalls Herr Krumbein.

„Im Dienst bin ich hart, unnachgiebig, aber gerecht. Und ich bin immer im Dienst, merken Sie sich das!" pflegte mein früherer Spieß von sich zu sagen. Arthur Krumbein ist immer Fischerei-Aufseher. Um allen Irrtümern vorzubeugen: Fischerei-Aufseher sind am Gewäser genauso notwendig wie Kontrolleure in den öffentlichen Nahverkehrsmitteln! Muß man mit beiden niemals rechnen, wird hier genauso viel schwarz geangelt wie dort schwarz gefahren.

Aber müssen diese Amtspersonen so sein wie unser a. A.? Oh, Verzeihung, nicht was Sie denken, unser aller Arthur ist gemeint. Wir haben ihn noch nie lachen sehen. Forscht er den anglerischen Untugenden anderer nach, versteht sich das von selbst, sofern man Arthur kennt. Aber Krumbein lacht sogar auf Versammlungen nicht, wenn unser Vorsitzender seine Schwänke erzählt, und selbst beim Preisskat läßt ein gewonnener Grand ohne Vier ihn seine strenge Amtsmiene nicht verziehen. Nur in den seltenen Fällen, daß sich einer seiner Gegenspieler mal verwirft, strafft sich Arthurs kerzengerader Oberkörper noch mehr. Dann zuckt seine rechte Hand hervor und pocht sein knöcherner Mittelfinger so laut auf die Platte, daß die Spieler an den anderen Tischen ihre Karten sinken lassen. „Sie haben soeben falsch gespielt, mein Herr", schnarrt die krumbeinsche Stimme durch die Stille des Saales, daß einem eine Gänsehaut kommt.

Immer die gleiche Prozedur

Ich glaube, ich habe Arthur Krumbein jetzt so skizziert, daß Sie ihn kennen. Ich kannte ihn bei unserer ersten Begegnung vor 15 Jahren noch nicht einmal vom Hörensagen. Das heißt, Begegnung ist nicht das richtige Wort. Denn Arthur Krumbein brach über mich herein. Lautlos kam er von hinten, als ich als ganz neues Mitglied in der Dunkelheit an unserem herrlichen Natursee auf Aal ansaß. „Die Papiere, bitte!" durchbrach ein Peitschenknall die Idylle. Wäre ich tatsächlich ein Schwarzfischer gewesen, hätte ich nicht erschrockener zusammenzucken können. Und seit jenem Tag wiederholt sich die Prozedur an jedem ersten Freitag im Monat während der Aalsaison zur gleichen Minute und in der gleichen Reihenfolge: Erst der Jahresfischereischein, dann der Sporfischer-Paß, schließlich die Fangstatistik. Damit nicht genug, es folgen das Vorzeigen von Bandmaß und Messer, bis zum Schluß der bisherige Fang einer genauen Prüfung unterzogen wird. Arthur kennt natürlich meine Papiere längst auswendig, aber er läßt sie sich stets aufs neue wieder zeigen. Ich könnte ja den einen oder anderen Ausweis vergessen oder die Datumseintragung in die Statistik versäumt haben. Dann wäre Krumbein sicherlich genauso zur Amtshandlung geschritten wie in dem Fall, daß ich Messer oder Bandmaß nicht sofort gefunden hätte.

Eines muß ich Ihnen noch erklären. Daß ich jeden ersten Freitag im Monat kontrolliert werde, liegt zur Hälfte natürlich an mir. Denn an diesem Abend geht meine Frau Gertrude immer mit ihrem Damen-Kränzchen kegeln, übernachtet meine Tochter bei ihren Großeltern und ich gehe auf Aal. Die anderen 50 % aber liegen eindeutig bei Krumbein, und ich könnte schwören, daß bei ihm auch die übrigen Tage des Monats nach selbstfestgelegtem, minutiösem Dienstplan verlaufen. Hätte ich nur ein einziges Mal an einem jener Freitage gefehlt, ich glaube, Krumbein wäre zu seinen „Kollegen" von der Feld-Gendarmerie gelaufen und hätte eine Vermißten-Anzeige aufgegeben.

Amtliche Störung

Am vorletzten Freitag war es wieder soweit. Überpünktlich knackte um 22.32 Uhr am über 100 m entfernten jenseitigen Ufer ganz leicht das Unterholz, Krumbein ist wieder auf der Pirsch. Jetzt sondiert er fünf Minuten lang mit seinem Feldstecher das Terrain, und dann dauert es weitere achteinhalb Minuten, bis er, wie aus dem Erdboden gewachsen, hinter mir steht und befiehlt: „Die Papiere, bitte!" Seine Urahnen müssen Indianer gewesen sein, seine Vorfahren bei Preußens. Naja, Zeit genug für eine Zigarette habe ich ja noch, denke ich mir, denn wenigstens beim Rauchen will ich mich amtlicherseits nicht stören lassen.

Diesmal kam alles anders. Nein, verspätet hatte sich Arthur nicht, es wär exakt 22.45 Uhr und eine halbe Minute. „Wo ist", heischte er mich an, „die dritte Angel?" Wozu ich erläutern muß, daß wir nur mit zwei Ruten fischen dürfen. Völlig unbeteiligt zogen die beiden

Leuchtposen draußen auf dem Wasser ihre Kreise, Arthur Krumbein aber leuchtete mir mit seiner Taschenlampe ins Gesicht. „Sie, Sie kenne ich doch", schnaubte er. Ach nee, das kann doch nicht wahr sein, dachte ich mir. „Ich brauch' die dritte Angel als Beweisstück, also her damit!", forderte der Fischereiaufseher. „Sie ist nicht da!", gab ich zurück „Ein letztes Mal, wo ist sie?" „Weggezaubert", erwiderte ich, dem allmählich ein Licht aufging. „In Ihrer Situation sind Späße unangebracht", stellte der Amtsmann sachlich fest und wiederholte: „Rücken Sie die dritte Angel raus!" „Simsalabim", sagte ich und steckte mir in aller Seelenruhe erneut eine Zigarette an.

In flagranti ertappt

Das war für Arthur Krumbein zu viel. „Sie hören von mir", drohte er und stapfte davon. Nicht so lautlos wie er gekommen war, aber ohne mich nach den Papieren zu fragen. Schließlich hätte sich da ja was geändert haben können.

Am folgenden Montag sahen wir uns bei einer eilends anberaumten Vorstandssitzung wieder. Krumbein vertrat die Anklage und beschrieb mit flammenden Worten, wie er mich in flagranti ertappt habe. „Im Feldstecher habe ich genau drei Leuchtposen gesehen. Mir ist eben in meiner 20jährigen Tätigkeit noch nichts entgangen. Das wissen Sie zu schätzen, meine Herren" warf er sich in die Brust. „Stimmt das, was Herr Krumbein sagt, oder wollen Sie behaupten, daß er nicht bis drei zählen könne", fragte mich der Vorsitzende. Nichts läge mir ferner als dieses, entgegnete ich, aber um den Verbleib der dritten Pose erklären zu können, benötige ich hier die gleichen Verhältnisse wie vor drei Tagen am Wasser, erklärte ich der Vorstandschaft und bat darum, für einen Augenblick im Raum das Licht löschen zu dürfen. Was mir gewährt wurde.

„Simsalabim", sagte ich und entzündete blitzschnell in der hohlen Hand einen Glimmstengel, mit dem ich nach einem tiefen Zug einen gewaltigen Aalbiß simulierte. Als erster begriff unser Vorsitzender die Situation und fing dröhnend an zu lachen, dann schnallten es auch die anderen. Als die Tränen getrocknet waren und sich der erste traute, das Licht wieder anzuknipsen, war Arthur Krumbein verschwunden.

Arthur entgeht nichts

Ich sah ihn erst am letzten Freitag wieder, als ihn seine Pflicht rief. Aber diesmal war alles, aber wirklich alles außer seiner Pünktlichkeit anders. Ich hörte ihn leise, aber doch deutlich wahrnehmbar, herankommen. „Petri Heil, Herr Bormann", wisperte er und erkundigte sich höflich: „Läuft der Aal heute?" Dann nestelte er, der selbst nur Kautabak benutzt, an seiner Jackentasche, zog ein Päckchen meiner Zigarettenmarke (Arthur K. entgeht nichts!) hervor, bot mir eine an und gab mir Feuer.

Und gestern, beim Bummel in der Innenstadt, begegnete ich Arthur Krumbein erneut. Er, den sonst keiner mag, zog höflich seinen Hut, obwohl er auf der anderen Straßenseite ging. Mir ist er so jedenfalls schon bedeutend sympathischer.....

Heinz Bormann

Arnolds Angelruten

Anfänger sind bemitleidenswerte Mitmenschen. Sie können machen, was sie wollen, sie machen es falsch! Als Autofahrer sind sie die dankbarsten Objekte für den allbekannten „Autofahrergruß", im Berufsleben meist diejenigen, die die Arbeit tun müssen, die sonst keiner gern tut.

Die eigentliche Tragik beruht jedoch auf der Tatsache, daß schließlich jeder einmal irgendwann irgend etwas angefangen hat - nur erinnert sich offenbar keiner mehr daran.

Da es in jeder Sparte Anfänger gibt, gibt es sie - zwangsläufig - auch auf dem Gebiet des Angelsports.

Wenn Sie als Anfänger Ihren Blinker über das gedachte Ziel hinaus in einen am Ufer stehenden Baum setzen, quittiert man das gewöhnlich mit einem mitleidigen Lächeln („Na, ja, er lernt es schon noch!"). Passiert dasselbe einem sogenannten „Könner", so hat ihn wahrscheinlich die Sonne geblendet... Haben Sie Ihre Pose so weit ausgebleit, daß man sie kaum noch über der Wasseroberfläche erkennt, so haben Sie - nach landläufiger Meinung - Ihr Gerät falsch zusammengestellt. Bei einem „Könner" gilt so etwas als „besonders sensible Gerätezusammenstellung"...

Schon der Gerätekauf stellt den Anfänger vor eine schier unlösbare Aufgabe. Hat er nicht zufällig einen guten Gerätehändler am Ort, der (was erstaunlicherweise der Ausnahmefall ist) selbst Angler ist und das, was er in seinem Laden anbietet, selbst ausprobiert, so verfügt der Neuling bald über eine stattliche Geräteauswahl - um festzustellen, daß er das meiste nicht gebrauchen kann, es eben nicht für den Zweck geeignet ist, für den er es gerade verwenden will.

Ich mache hier leider keine Ausnahme. Mit dem Inhalt meines Rutenregales könnte man mit einigermaßen guten Erfolgsaussichten eine Wanderausstellung mit dem Titel „Irrwege und Sackgassen der Angelrutenherstellung seit Neunzehnhunderttoback" unterhalten.

Aber: verzweifeln Sie als Anfänger nicht! Es gibt - wie immer - einen Ausweg: Arnold!

Mein Freund Arnold ist, was die Auswahl von Angelgeräten angeht, unschlagbar. Auf seine Erfahrung können Sie getrost bauen, und er ist außerdem zu jeder gewünschten Auskunft bereit.

Wie meinen Sie? Sie kennen Arnold noch nicht?!

Nun, das ist ganz einfach!

Arnold erscheint immer tadellos gekleidet am Wasser (vorherrschende Farben: grün und beige). Er trägt - unabhängig von der jeweils herrschenden Wetterlage - stets eine dunkle Sonnenbrille und besitzt zwei Hüte (einen garniert mit Trockenfliege und einen mit Karpfen-Schlundzähnen - je nach ausgeübter Angelmethode). Seit seinem letzten Angel-Urlaubsaufenthalt in Schottland hat er sein insgesamt schon gelungenes Gesamtbild mit einem „Seehundbart", einer Pfeife (wird nur zur Unterstreichung wichtiger Aussagen oder bei drohendem Sturz aus dem Gesicht entfernt) sowie einer dort entdeckten Liebe für schottischen Whisky abgerundet. Kurzum: Gäbe es so etwas wie eine „Miß-Wahl" für den idealsten Angler des Jahres, Arnold könnte seine Mitkonkurrenten dazu degradieren, ihm die Kartoffeln zum Karpfenangeln zu reichen.

Nun - und das will ich nicht verheimlichen - hat mein Freund Arnold eine Charakterschwäche: er ist „Gerätefetischist". Arnold besitzt eine Sammlung von Angelgeräten, die jedem Gerätehändler die Schamröte ins Gesicht treiben könnte und gegen die meine oben erwähnte „Wanderausstellung" ein „Flohzirkus" ist. Seine Ruten tragen Bezeichnungen, die man beim ersten Hinhören für Namen exotischer Sportwagen halten könnte.

Nachdem Sie sich nach dieser überzeugenden Beschreibung spontan entschlossen haben, mit Arnold mangels eigener Erfahrung und zum Zwecke des Kaufes Ihrer ersten Hechtspinnrute in Verbindung zu treten, könnte sich etwa das Folgende abspielen.

Arnold verabredet sich bereitwillig (bei weniger Bereitwilligkeit unter Zuhilfenahme einer angemessenen Menge seiner Lieblings-Whiskymarke) bei Ihrem Angelgerätehändler.

Nach ca. einer Stunde hat der Angelgerätehändler etwa 25 - 150 Hechtspinnruten vor Ihnen beiden ausgebreitet - ja nach Temperament und Auswahl.

Arnold nimmt jede einzelne in die Hand, schwippt sie durch („Sehr schön, Aktion bis ins Handteil! - Aber die Spitze ist zu schwach!" Oder: „Absolute Spitzenaktion - aber das Handteil ist zu stark!").

Sie sind nach einer Weile nur noch Statist und reichen Arnold nach Fingerzeig die eine oder andere Rute. Halten Sie jetzt um Gotteswillen durch. Sie werden sehen: Es lohnt sich!

Die Probe

Nach ca. drei bis vier Stunden bahnt sich die Entscheidung an. Arnold hat jetzt gewöhnlich in der rechten und der linken Hand je

eine Rute, die er pausenlos gegeneinander auswechselt und durchschwingt (Zeitaufwand: ca. 30 - 40 Min.): „Diese ist sicherlich nicht schlecht (ein Leuchten geht über Ihr Gesicht)! Obwohl ..., hm ... (Sie sacken wieder in sich zusammen), ich weiß nicht recht ..."

Ganz plötzlich wendet sich Arnold an den Händler: „Wissen Sie, ich nehme die hier." Sie haben richtig gehört: er meint tatsächlich ich, nicht wir!

Das falscheste, was Sie jetzt einwenden können, wäre etwa: Ja, aber eigentlich wollten wir doch für mich ..."

Das wird Arnold nur verwirren und seinen Entscheidungsprozeß auf weitere 4 - 5 Stunden hinauszögern. Möglicherweise ist dieser dann bis Geschäftsschluß noch immer nicht abgeschlossen, sie verlassen das Geschäft unverrichteter Dinge, und Ihr Plan, die neue Hechtrute gleich morgen auszuprobieren, fällt ins Wasser.

Halten Sie sich dagegen still und bescheiden im Hintergrund - wozu Sie ohnehin bisher gezwungen waren - und kaufen Sie diejenige Rute, die Arnold mit leicht mitleidigem Blick dem Händler zurückgibt.

„Ja", werden Sie jetzt - noch verschüchterter - einwenden wollen, „hat denn Arnold vielleicht doch nicht die beste Rute..." Unter uns gesagt: Natürlich hat er die beste Rute - für sich - ausgewählt. Warten Sie's ab!

Drei Tage später treffen Sie die „Traumrute" (mit Arnold) beim Hechtangeln. Arnold wird Ihnen natürlich sofort anbieten, seine „Neue" einmal auszuprobieren.

Das ist die Stunde der Entscheidung!

Sie werfen jetzt Arnolds Rute mit dem Hechtblinker aus und bemerken plötzlich (beiläufig, aber laut genug): „Nanu?!"

Arnold wird sich Ihnen auf der Stelle zuwenden und besorgt fragen: „Ist irgend etwas nicht in Ordnung?"

Natürlich können Sie jetzt nichts Bestimmtes sagen, denn: Das gibt es bei der Rute gar nicht, sie ist quasi makellos.

Deshalb sollten Sie jetzt vernünftigerweise, ausweichend und wahrheitsgetreu antworten: „Ich weiß nicht recht, irgendwie ..., wie soll ich sagen ..."

Sofern Ihnen Arnold jetzt nicht sofort die Rute aus der Hand reißt (was sehr wahrscheinlich ist), müssen Sie einen erneuten Wurf wagen und diesen entsetzt kommentieren: „Da! Da ist es wieder! Sie ..." Das reicht in jedem Falle.

Arnold nimmt mit bleichem Gesicht seine „Traumrute" und wirft ebenfalls: „Tatsächlich! Sie wirft zu hoch (zu tief, schwingt zu lange, zu wenig, hält die Richtung nicht, wirft nach links, nach rechts etc.)!"

Hierauf müssen Sie sofort mit Ihrer „Zweitklassigen" ausholen, werfen und bestimmt sagen: „Komisch, das macht meine aber nicht!"

Der Rest ist jetzt kurz erzählt.

Arnold wird sich Ihre Rute ausbitten, werfen, seine nehmen, werfen, beide Ruten gleichzeitig werfen, einen leichten und einen schweren Hechtblinker anbinden, wieder werfen und sie schließlich bitten, seine Rute wenigstens einmal für einen Tag auszuprobieren.

Sie seien ja schließlich Anfänger, bei Ihnen komme es ohnehin nicht so darauf an, irgendwann würden Sie sowieso eine andere ... und überhaupt.

Sie müssen sich jetzt wie ein Aal auf dem Trockenen winden und schließlich gestehen, daß Sie ja tatsächlich noch ganz am Anfang stünden, Arnold sei außerdem Ihr Freund, Sie ihm unendlich dankbar usw. Kurzum: Die Ruten wechseln Ihren Besitzer. Schon haben Sie Ihre „Traumrute".

Entgegnen Sie mir jetzt bitte nicht, das sei alles eine milde Form von Betrug.

Mitnichten!

Arnold ist schließlich fest davon überzeugt, endlich seine „totale Hechtspinnrute" gefunden zu haben, und Sie - haben sie. Damit ist doch wohl beiden Teilen gedient.

Michael Schöpe

„Erzähl' doch mal"

Eine Made könnte man fallen hören, so still wird es in meiner Vereinskneipe, wenn der Bezwinger eines Kapitalen das Wort ergreift. Um genau zu sein: Der geschickte Erzähler greift nicht nach dem Wort, er läßt es sich reichen.

„Erzähl' doch mal!", trommelt es von allen Seiten auf ihn ein. Der Fänger nippt verlegen an seinem Bier. „Wer soll erzählen? Ich?" So als sei es der Fang eines 1,30-Meter-Hechtes nicht wert, erzählt zu werden.

Der Fänger tut gut daran, erst einmal zu schweigen. Die Ohren seiner Zuhörer wachsen, und jedes Wort, das er schließlich fallen läßt, tropft wie flüssiges Gold in die Ohrmuscheln. Niemand wird prüfen, ob es Falschgold ist. Ein Übertreiber ließe sich nicht lange bitten.

Kunststück!

Erste Aufgabe des Erzählers: Er wird belegen, daß sein Fang ein Kunststück war, ein Sprung durch den brennenden Reifen, wie er nur alle Jubeljahre gelingt.

Schlechte Erzähler bleiben in diesem Reifen hängen. Wenn es am Fangtag wie wild gebissen hat, wenn sich der große Hecht auf den Barschspinner stürzte und wenn die 20er Schnur nur zufällig hielt -, dann sehen die Zuhörer den Fänger nicht als Helden, wie er es gerne hätte, sondern er ist in ihren Augen ein dummer Bauer mit großen Kartoffeln, die sie selber viel besser geerntet hätten.

Unser Erzähl-Profi wird dieses Fettnäpfchen umgehen. An seinem Fangtag hat nämlich gar nichts gebissen, nicht mal ein Rotauge -, bis *er* kam! Jeder Sherlock Holmes braucht einen Doktor Watson, jeder Fänger einen Nicht-Fänger. In unserem Fall ist es Dieter, der die Vereinskneipe stets meidet. Dieter also habe seit dem Morgengrauen geangelt, ohne Biß und in dem Glauben, ein Fischsterben hätte wohl den ganzen Bestand dahingerafft.

Ein Tag für Helden

Das ist ein Tag für unseren Helden. Wo andere aufgeben, fängt er an. Der Versuchung, seinen Hecht gleich beim ersten Wurf beißen zu lassen, widersteht er tapfer. Erst fordern ihn die Naturgewalten zum Duell, Blitze zischen ihm um die Ohren, Sturmwellen schütteln sein Boot, und er ist nur knapp mit dem Leben davongekommen, als viel zu früh der Abend dämmert. „Ich dachte", erzählt er kleinlaut, „jetzt wird das nichts mehr, jetzt kannst du einpacken."

Aber dann passiert es. Die Hauptdarsteller des Kampfes kennen sich schon. Auge um Auge, Drill um Drill stellt unser Held dem „Strandbad-Hecht" schon seit Jahren nach. Verlacht von den Kollegen wie ein Goldsucher im Mittelgebirge, an dessen Erfolg keiner glauben will.

Der letzte Wurf

Kein Bier, auf dem noch Schaum wäre, jeder am Stammtisch lauscht mit Elefanten-Ohren der Erzählung, klebt an den Lippen des Fängers.

Unser Held hatte, wie wir jetzt erfahren, alle seine Hoffnung in den letzten Wurf gesetzt, hat ihn untertassen-genau neben die rote Strandbad-Boje gesetzt, wo schon vor drei Jahren der letzte Kampf mit dem Hecht lostobte. Kein glücklicher Abstauber also, wie er auch mal einem Anfänger gelingt, sondern ein gezielter Schuß ins Lattenkreuz.

An diesem Punkt bricht er, der Bescheidene, seine Erzählung ab, als sei alles gesagt. „Weiter, weiter!" feuern ihn die verhinderten Biertrinker an, als gelte es, einen Rockstar zur Zugabe noch einmal auf die Bühne zu locken.

Mit kargen Worten schildert er den Drill. Das weist ihn als abgeklärten Großfischjäger aus, und die Übertreibungen bleiben der angespannten Phantasie seiner Zuhörer überlassen.

Bewundernde Blicke

„Na, er ist schon ganz schön abgezogen. Bei 1,30 Meter kein Wunder. Der Drill hat bis Mitternacht gedauert." - „Bis Mitternacht!", wiederholt ein Bewunderer andächtig. „Bis Mitternacht", bestätigt der Fänger. „Vier Stunden Drill also", wirft unser Vereinskassierer das Ergebnis seiner Kopfrechnung wie ein Klassenstreber in den Raum. „Vier Stunden", bestätigt der Fänger.

Er steht auf, kommt an den Tresen und winkt mit einem Geldschein. Ich - der Wirt des Lokals, das vergaß ich zu erzählen -, ich ziehe ihm also drei Bier ab, und er stolziert mit steifen Beinen zur Tür wie ein Westernheld, der sich gerade seines größten Feindes im Duell entledigt hat. Die bewundernden Blicke kraulen seinen Rücken.

Beim Bezahlen hat er mich nicht angeschaut, der „Held". Vielleicht erinnerte er sich noch an die Minuten nach seinem Fang, als er verwirrt in meine leere Kneipe gestürmt war, den Hecht wie ein

Kleinkind auf den Armen. „Beim ersten Wurf, beim ersten Wurf am Bootssteg!" stammelte er immer wieder wie eine festgefahrene Schallplatte. Der Hecht war genau einen Meter lang, vorne im Maul saß noch der kleine Barschspinner. Es war ein windstiller Nachmittag, und ich gratulierte mit den Worten: „Petri Heil! Dieter hat heute vormittag auch schon einen 12-Pfünder gefangen!"

Martin Wehrle

_.. Drills und Dramen _.._

Ein großer Fisch am Haken läßt den Adrenalinspiegel des Anglers
steigen - und seinen Realitätssinn schwinden. Deshalb wächst mancher
Kapitale im Drill schneller als in der Natur. Jeder Angler versteht
diesen Zusammenhang, Nicht-Angler bezeichnen ihn zu Unrecht als
Anglerlatein. Völlig zu Recht ist dieser Abschnitt des Buches der
umfangreichste, erzählen die Geschichten darin doch von riesigen
Fischen, ausgedehnten Drills und dramatischen Erlebnissen.

Das Duell

Habe ich Ihnen schon die Geschichte von jenem Baggersee bei Salzburg erzählt, an dem ich bei meinem zweiten Besuch den härtesten Drill meines Lebens bestehen mußte? War es beim ersten Mal, wenn auch unter abenteuerlichen Begleitumständen, nur ein Schnürsenkel von einem Aal gewesen, der sich unbemerkt an den Haken gehängt hatte, so erreichte der Kampf, der mir beim zweiten Aal-Abend an diesem Gewässer bevorstand, die Grenze der Belastbarkeit, sowohl des Materials als auch meiner bestimmt nicht bescheidenen Körperkräfte.

Ich will nun aber nicht vorgreifen und Sie diesen dramatischen Abend so hautnah miterleben lassen, wie es mir möglich ist.

Also, ein schwül-warmes Wochenende hatte wieder begonnen, und Rainer, der mich schon als Anfänger an den Salzburger Baggersee mitgenommen hatte, lud mich wiederum auf einen - diesmal gemütlicheren, wie er sagte - Aalabend ein.

„Ein Arbeitskollege hat letzten Samstag vier große Aale erwischt, jeden um die zwei Pfund schwer und fast einen Meter lang!" teilte er mir mit dem typischen, erregten Zittern in der Stimme mit, das man bei jedem Angler beobachten kann. Jedenfalls dann, wenn er von einem Wasser spricht, an dem kurz zuvor gut gefangen worden war und er fest damit rechnet, daß die restlichen, noch kapitaleren Fische nur auf ihn warten.

In mir mußte inzwischen die Glut der Anglerleidenschaft auch schon zu glimmen begonnen haben, ohne daß ich mir dessen bewußt geworden wäre. Ohne Zögern nahm ich seine Einladung an.

„Weißt du, womit er die Brocken gefangen hat?" vertraute er mir leutselig sein Geheimnis an, „du glaubst es nicht!" Da er eine dumme Antwort von mir erwartete, bevor er mir diesen sensationellen Insider-Tip geben würde, tat ich ihm den Gefallen und sagte neugierig: „Mit Tauwurm, oder?"

„Mit Tauwurm! Du weißt ja, was du letztes Mal mit Tauwurm gefangen hast. Auf Tauwürmer beißen nur noch die Spitzkopfaale!" sagte er fast indigniert über soviel Phantasielosigkeit in der Köderwahl. Er sagte das so, als wäre der Appetit der Aale irgendwelchen Mode-Richtungen unterworfen.

Mit Goldfisch

Daß Tauwurm momentan bei Trendsetter-Aalen „out" war, hatte ich nun begriffen, doch ich wußte damals wirklich nicht, auf welchen Köder diese Wasserschlangen, egal ob mit Spitzkopf oder Breitmaul, sonst noch hereinfallen könnten. „Womit sonst?" frage ich deshalb möglichst einfältig, denn ich wollte nicht wieder einen ganzen Abend nutzlos herumhocken.

„Mit Goldfischen!" raunte er mir hinter vorgehaltener Hand zu, als hätte er Angst vor irgendeinem Geheimdienst. So kauften wir bei Rainers Kollegen, der zufällig noch welche übrig hatte, für 50 Mark etwa ein Dutzend fingerlange Goldfische, deckten uns mit fast allem ein, was für eine lange Nacht notwendig ist, und konnten es kaum erwarten, einen toten Zierfisch in einen mehrpfündigen Aal umzutauschen. Bald lagen zwei Köderfische der Marke Carassius auratus aus dem Stamme der Cyprinidae tot am Grunde des Baggersees. Wir warteten in der Dämmerung auf das Klingeln des Aalglöckchens, das mich jedesmal an meine Kindheit erinnert, als sich das Christkind durch das gleiche Geräusch ankündigte und mich in ähnlich freudige Erwartung versetzte.

Es wurde dämmriger und dämmriger, und wir trösteten uns mit der Hoffnung, daß ein richtiger Breitmaul-Aal sich Zeit läßt bei seiner Jagd. Bald war es stockfinster, und das etwa 60 Meter gegenüberliegende Ufer der Bucht war nicht mehr zu sehen. Ab und zu klatschte etwas auf´s Wasser, vielleicht ein Karpfen oder eine Forelle, und deutete an, daß auch tatsächlich Fische in dem See vorhanden sein mußten.

Mitternacht nahte, und Mißmut machte sich bei uns breit. Einschließlich der Tageskarte hatte ich nun einen Braunen hingelegt und war mir nicht sicher, ob mir jemand die verbliebenen Goldfische würde abkaufen wollen, die ja als Köderfisch offensichtlich völlig unbrauchbar waren. Ich verfügte damals über ein noch geringeres Einkommen als heute und hatte mich schon zu dem Entschluß durchgerungen, den so mißerfolgversprechenden und zudem kostspieligen Pseudosport noch diese Nacht an den Nagel zu hängen.

Da - es bimmelte!

Beide sprangen wir wie von der Tarantel gestochen auf und stürzten zu unseren Ruten. Es war meine, die sich da gewaltig zum Wasser hin durchbog. Noch bevor ich sie aus der Halterung nahm, schnarrte bereits die Rollenbremse und entspannte die bis zum Bersten gekrümmte Gerte. Fast wäre sie mir aus der Hand gerissen worden, als ich sie hochnahm, und mit einem wütenden Ruck nahm der Fisch wieder Schnur, ohne sich viel um den Widerstand zu scheren.

Mein Herz schlug vor Aufregung, daß mir das Blut gegen die Schläfen pochte, und meine Hände krampften sich um das Griffstück wie die eines Ertrinkenden um ein Seil, das er gerade noch zu fassen bekommt.

Ein Riesen-Oschi

„Mein Gott, was ist das!" stammelte ich, der ja noch nie einen echten Drill erlebt hatte. Meter um Meter nahm das Untier Schnur von der knarrenden Rolle, und ich war nicht fähig, selber aktiv zu werden.

Rainer, der die Enttäuschung, daß der Fisch an die falsche Angel gegangen war, inzwischen überwunden zu haben schien, stand fassungslos und mit offenem Mund neben mir. Auch er schien mit seinem Fischerlatein, dem ich oft andächtig hatte lauschen müssen, am Ende zu sein.

„Das ist kein Aal, das ist ein Mordskerl. Nein! Das ist ein Waller und zwar ein Riesen-Oschi", sagte er fast andächtig angesichts dieser Kraft eines Fisches.

„Was soll ich tun? Ich hab nicht soviel Schnur auf der Rolle!" rief ich, ohnmächtig der unwiderstehlich scheinenden Flucht des Ungetüms ausgeliefert. Nun kam auch wieder Leben in meinen Lehrmeister.

„Was hast du für eine Schnur drauf?" fragte er mich, und ich wußte gar nicht, worauf er hinaus wollte.

„Eine gelbe, glaube ich, aber ist das jetzt so wichtig?" antwortete ich, und erste Schweißperlen tropften von meiner Stirn. Er antwortete nicht, sondern stieß nur einen ärgerlichen Laut aus und fühlte meine Schnur mit Daum und Zeigefinger.

„Etwa fünfzig, Gott sei Dank", sagte er und begann ein Rad an meiner Rolle vorsichtig zu drehen.

Sofort verstärkte sich der Zug, ich wäre auf dem leicht abschüssigen, kiesigen Ufer fast weggerutscht und fand endlich eine Wurzel, gegen die ich mein Standbein stemmen konnte. Der Fisch schien nun nichts mehr draufzuhaben, denn die Schnur stand endlich still.

„Jetzt vorsichtig pumpen! Eine fünfziger Schnur reißt so schnell nicht, da bricht vorher die Rute!" tröstete mich Rainer und erbot sich, den nun folgenden Drill für mich zu übernehmen.

Das wollte ich aber keinesfalls, denn ich hatte mitbekommen, daß ich vielleicht inmitten des dramatischsten Höhepunktes meines Anglerlebens stand, und den wollte ich selber auskosten, egal wie es ausging. Leicht enttäuscht gab mir Rainer aber doch hilfreiche Tips.

„Die Spitze nicht so hoch, sonst bricht sie! Nachgeben! Jetzt wieder pumpen! Jawohl, gib´s ihm!" Allmählich nahmen seine Ratschläge den Charakter von Anfeuerungsrufen bei einem Boxkampf an. Ich steckte auch mitten in einem Kampf, denn der Fisch versuchte immer wieder mit der Kraft eines Gorillas, mich oder mein Material fertig zu machen.

In Strömen rann mir der Schweiß über den Rücken. Meine Arme schmerzten, als hätte ich seit Stunden Klimmzüge gemacht, und ich merkte, wie es mir immer schwerer fiel, den Fisch ein Stück heranzupumpen, die Rutenspitze zu senken, schnell Schnur aufzunehmen, um wieder keuchend einen Meter zu gewinnen. Ich glaubte schon, den Kampf gewonnen zu haben. Der Widerstand schien nachzulassen, als plötzlich die Schnur wieder stillstand.

Nun begann der Endkampf, das spürte ich. Wer nun nachgab, der hatte verloren. Nur noch Zentimeter konnte ich Schnur gewinnen, um sie gleich darauf wieder zu verlieren.

Mein Gehirn mußte inzwischen die Hormondrüsen um einen so starken Adrenalinstoß gebeten haben, daß ich keinen Schmerz mehr fühlte. Was ich nun tat, hatte mehr Ähnlichkeit mit Tauziehen als mit Angeln. Meine Absätze gruben sich in den Boden. Ich lehnte mich mit meinem ganzen Gewicht zurück, die Arme inzwischen langgestreckt, nur noch die Fäuste um das Griffstück gekrampft.

Peng! Die Schnur war ab, und hart schlug ich mit Rücken und Hinterkopf auf die steinige Uferböschung. Der Kampf war entschieden. Teils war ich froh, daß dieser mörderische Zweikampf ein Ende gefunden hatte, teils enttäuscht, ihn verloren zu haben.

Gewalttätiger Petrijünger

„Himmelherrschaftszefix! Kreizkruzifixnomoinei! Mistvieh verreckt's!" schallte es kraftvoll bajuwarisch plötzlich vom anderen Ufer herüber. Da wurde mir langsam klar, daß ich nicht den Kampf gegen einen Fisch, sondern gegen einen Anglerkollegen, und zwar keinen schmächtigen, geführt hatte. Ebenso wie ich glaubte dieser, den Fisch seines Lebens verloren zu haben und verlieh seiner Wut darüber in üblichen Flüchen Ausdruck.

Ermattet und möglichst leise wollte ich die leere Schnur einholen, um diesem Fernduell keinen Nahkampf mit einem offenbar auf's Äußerste erregten, möglicherweise gewalttätigen Petrijünger folgen zu lassen, als ich spürte, daß die Schnur keineswegs leer war. Es hing etwas dran, und das zappelte. Es war zwar nicht zu vergleichen mit dem Kraftaufwand meines Gegenübers, aber es war zu spüren.

Ich kurbelte also hastig ein, zog die Leine über den Uferkies und sah zu meiner Enttäuschung nur den toten kleinen Goldfisch am Haken, der unterdessen ziemlich deformiert war. Als ich den Köder jedoch aufnehmen wollte, merkte ich, daß sich um den Köderfisch und den Haken eine andere Schnur gewickelt hatte, und in dieser Schnur war Leben.

Mit der Hand holte ich die starke Angelschnur ein, und zu meiner Überraschung schlängelte sich an deren Ende ein dicker, langer Aal. Er hatte stolze 2 1/2 Pfund, war exakt einen Meter lang, und das Ende eines fetten Tauwurms hing noch aus seinem Maul. Möglichst geräuschlos verstauten wir den Fisch und unsere Sachen und machten uns auf den Heimweg.

Am Auto angelangt, kam uns ein anderer Angler entgegen, ein kräftiger, untersetzter Kerl, der einen Vergleich mit einem Gorilla nicht zu scheuen brauchte. „Na, was gefangen?" fragte er mürrisch, und ich konnte feststellen, daß er, wie ich, völlig verschwitzt war.

„Ja, einen prächtigen Aal", sagte ich und zeigte ihm bereitwillig im Scheinwerferlicht meine Beute. „Und wie war's bei Ihnen?"

fragte ich hinterfotzig, denn ich war mir fast sicher, wen ich vor mir hatte.

„Scheiße war´s", sagte der Mann. „Ich hab eine halbe Stunde mit einem Waller gekämpft, der komischerweise meinen Wurm genommen hat."

„Ja und dann?" heuchelte ich weiter.

„Abgerissen hat er, eine nagelneue Fünfziger-Schnur!"

„Und ich habe den Aal mit Köderfisch gefangen - mit Goldfisch, ist das nicht eigenartig?" fuhr ich fort.

„Was, einen Dreipfund-Aal auf Köderfisch!" staunte er und sah sich noch einmal den Prachtkerl an. „Haben Sie noch Goldfische über, ich kauf sie Ihnen ab?"

Ich weiß, daß es nicht besonders kollegial war, was ich nun machte, aber ich hatte ja nicht gelogen. Mein Köder war toter Goldfisch auf Grund gewesen, und gefangen hatte ich einen Aal damit. Kurz und gut, wir verkauften beide unsere restlichen Goldfischbestände.

Seitdem fische ich nur noch mit Tauwurm auf Aal, aber nie unter Schnurstärke 50.

Josef Bader jun.

Ein Sommernachtstraum

Angespannt holperte ich in meinem alten Auto über die Waldpiste Richtung See und träumte von Riesen-Karpfen. Daß ich jedesmal heil hier ankomme, ist eigentlich ein Wunder. Wie ich gefahren bin, an welcher Ampel ich halten mußte, wo ich überholt habe, wurde von meinen Träumen ins Unterbewußtsein verdrängt. Meine beiden Angelfreunde waren bereits seit gestern vor Ort - meine Verspätung hatte etwas mit einem zauberhaften Wesen zu tun...

Am Wasser hatte ich derweil offenkundig nichts versäumt, denn die beiden Freunde schienen total geschafft, faselten wirres Zeug von endlos tiefem Kraut, Moskitos, Waldameisen, Wespen, Zecken. Mir sah das alles eher nach einem Hitzekoller aus, immerhin schwitzte das Thermometer rund 34° Grad aus. Gefangen hatten sie leider nichts, angesichts der meterlangen Krautfahnen am Ufer auch keine Überraschung.

Emil, die Killerzecke

Das kann ja heiter werden, dachte ich und drückte nachdenklich die erste Bremse an meinem Arm platt. Verschwitzt, wie ich war, freuten sich gleichzeitig hunderte von Moskitos samt Emil, der Killerzecke, auf das gefundene Fressen. Schockiert über solche Unfreundlichkeit gegenüber Gästen flüchtete ich wieder ins Auto. Doch hier kam ich vom Treibhaus direkt in den Backofen. Es blieb nichts anderes übrig, als bis zum Abend alle halbe Stunde zu baden und abwechselnd zu Tee und Autan zu greifen. Von Fisch natürlich keine Spur.

Immerhin hatten meine Kameraden letzte Nacht Muffmolche gehört, wie wir unsere Karpfen liebevoll nannten. Im dicksten Kraut hatten sie lustvoll geplatscht. Da wir in diesem Umfeld bei einem eventuellen Drill am schlechteren Ende ziehen würden, wollten die beiden Mitstreiter in der vor uns liegenden Nacht ihren Standort aufgeben und den Fischen weiter in die hoffnungslos überwucherte Bucht hinein folgen. Ich hielt dies für eine interessante Idee, denn so hatte ich das krautfreie Plateau von etwa einem Meter Wassertiefe am Eingang der Bucht für mich allein.

Super-Vorfach

Mit Schweiß in den Augen versuchte ich, gleichzeitig Vorfächer zurechtzutüdeln und mich der Stechmücken zu erwehren. Ein

Waldameisen-Haufen lag gleich zwei Meter neben meinem Angelplatz. Jemand hatte eine Bresche in die Schilfmauer geschlagen und dabei die Halme knapp oberhalb der Wasseroberfläche abgesäbelt. An eine Uferlandung durfte selbst ein Träumer wie ich hier keinen Gedanken verschwenden. Also machte ich das Schlauchboot soweit im Flachwasser fest, daß ich mit nur einem nassen Fuß hineinhüpfen konnte.

Öhrhaken der Größe 2 sind bei mir exklusiv für die Dicksten vorgesehen, und genau auf die hatte ich es abgesehen. Auf das Haar schob ich einen sinkenden Boilie, zwei Erdnüsse, einen auftreibenden Knödel, zwei Nüsse, noch einen extra dicken Popper und zum Abschluß einen klitzekleinen Sinker, des guten Geruchs wegen halbiert. Wer sowas frißt...

Hölle mit Flügeln

Mit sinkender Sonne harrte ich gespannt der Dinge, die da wohl kommen würden. Und sie kamen. Schneller als erwartet, gleichzeitig aus allen Richtungen. Im ganzen etwa zehntausendfünfhundertund-

einundvierzig. Irgendwie mußte ich mitten in die Jahres-
hauptversammlung der vereinigten Stechmückenstämme Nordeuropas
e.V. geraten sein. Um 10 Uhr ging mir das Autan aus. Um 11 war die
Hölle los.

Ich stülpte meinen Nylon-Schlafsacküberzug ganz über mich
und hörte die Biester zum Landeanflug direkt über meinem Kopf
summen. Mein Kopf glühte, am ganzen Körper war ich klitschnaß.
Nicht nur von der Hitze, sondern auch aus Angst vor den Mücken.

Hin und wieder riß ich das Ganze hoch, um nach frischer Luft zu
schnappen. Doch die gab es nicht. Später las ich, daß es die heißeste
Nacht seit Registrierung der Temperaturen war, mit „Tiefstwerten" von
26 Grad Celsius. Ich war saumüde, total verängstigt und hitzeschlapp.

PIEPS! Ich tat, als hätte ich nichts gehört. PIEPS - so ein elektro-
nischer Bißwächter läßt sich von Moskitos nicht beeindrucken. Bloß
nicht rausmüssen, ich war zu fertig, um den sonst so ersehnten Kampf
mit dem Fisch aufzunehmen. Danach endlich Ruhe, eine himmli-
sche Stille, nur Mücken surrten weiterhin. Schleppend krochen die
Stunden dahin.

Plötzlich durchfetzen ferne Blitze den Himmel, eine kräftige
Böe. Dann noch eine, und schließlich bläst richtiger Westwind genau
in die Bucht hinein. Ich kann wieder tief durchatmen, und sogar die
Mücken sind weg. Doch dafür kommen die beiden Bootsangler in
meine Hörweite zurück, da draußen die Wellen immer stärker werden.
Ich verlasse meinen Standort und nähere mich ihnen am Ufer. Ein
Mann im Boot ruft was, das ich durch den lauten Wind nicht verste-
he. Dann wieder, und endlich begreife ich: „BIIISS, DU HAST EINEN
BISS!!!"

Ich haste über Stock und Stein, Mulden und Höcker zurück,
mache in voller Länge mehrmals mit dem Waldboden Bekanntschaft
und erspähe endlich im fahlen Mondlicht meine Ruten. Doch an
welcher ist Leben? Beleidigt hüllt sich mein Pieper in Schweigen. Egal,
die rechte Rute zischt über meine Schulter, genau in den Baum über
mir und ist festgeheddert. Egal, weg mit dem nutzlosen Gerät, die
richtige Rute umklammernd ins Boot ge-*autsch*-purzelt, da war der
Rod Pod im Weg. Der Fisch, ich will den Fisch. Die Rutenspitze
verbeugt sich ehrfürchtig - Karpfen! Dich krieg ich, aber wie?

Das Boot hängt fest

Mister Carp hat anscheinend eingesehen, daß bei mir kein Meter
gratis von der Rolle zu reißen ist, bei mir nicht! Jetzt läuft er im

großen Bogen nach links, weit in den See hinein und hält sich wohl für besonders clever. Ich stoße mich mit dem Erdspeer ab, an dem das Boot befestigt war - und komme gerade 5 Zentimeter weit. Das dumme Gummi-Boot hängt in den Schilfstoppeln fest, verdammt.

Ich rudere, was das Zeug hält, die Rute rutscht und poltert herum. Dann sitzt das Boot endgültig fest, schilfstoppel-verzahnt, und ich bin kurz vor hysterischen Schreikrämpfen. Ich versuche, mich mit dem Kescherstock abzustoßen und bin fast befreit, als der blöde Kescher sich irgendwo festklemmt. Zerren, mit einem sanften Plopp verabschiedet sich das Netz vom Stiel und verschwindet im Schilfwirrwarr.

Ab ins schwarze Wasser, es ist tiefer als erwartet, bis über den Gürtel. Das hätte ich auch gleich so haben können, denke ich grimmig. Doch da habe ich das Keschernetz wieder, - als loses Bündel. Irgendwie ist das Teil, das die Kescherbügel spreizt, verschwunden. Na dann eben ohne! Das Boot ins freie Wasser geschoben und dem Fisch hinterher.

Der hat auf mich gewartet, aber totgelacht hat er sich nicht dabei. Denn er zieht und schleppt mich auf den See hinaus, hinein in sein Reich. Er kam sich wohl zu stark vor und hat mich unterschätzt. Denn bald muß er einsehen, daß es sinnlos ist, mich weiter zu verhöhnen. Wie ein Hai kreist er nun ums Boot, einige Runden belauern wir uns, und nur die Schnur singt.

Auge in Auge

Da, ein Buckel durchbricht die Oberfläche Der Wolkenhimmel öffnet sich, und Aug in Aug liegen wir uns gegenüber, ein jeder den anderen abschätzend. Nur wir beide wissen - du gehörst mir, du hast verloren. Ausgedrillt, wie er ist, wage ich die Handlandung. Sachte gleitet er heran, meine Finger rutschen über seine Flanke, über den unfaßbar breiten Buckel hinweg, suchen Halt im Kiemendeckel. Ein Mordsschwall, und weg ist er. Das Spielchen wiederholt sich, wir spielen Kriegen, aber so krieg ich ihn nicht; es ist unmöglich.

Da kommt mir plötzlich der Kescher in den Sinn - der kann doch repariert werden. Der Erdspieß liegt noch im Boot. Den könnte man vorne durch die Maschen fädeln, um das Keschernetz zu entfalten. Derweil dreht der Karpfen seine Warteschleifen, mit links halte ich ihn, fummle mit einer Hand an meinem Behelfskescher. Endlich ist es fertig, und irgendwie schaffe ich es, den Karpfen damit zu umfangen. Ich habe ihn!

Jetzt aber ab nach Hause. Doch wo war das bloß? Wir sind Karussell gefahren. Ich war so aufgeregt, daß ich nicht weiß, wo ich mich befinde. Und der Wald steht still und schweiget. Es kostet mich ein paar Ehrenrunden im See, bis ich meine Ausgangsbasis wieder gefunden habe.

Die Kollegen haben sich schon Sorgen gemacht. Da die Mücken wieder schwirren, flüchten wir uns mit einem lauwarmen Mineralwasser ins ebenso lauwarme Auto. Gierig saugen sich die Polster mit dem Wasser aus meinen triefenden Klamotten voll. Auf der Heimfahrt gibt der Fahrersitz bei jedem Schlagloch ein feuchtes Quietschen von sich. Es klingt, als ob jemand schluchzt. Dabei würde ich am liebsten singen vor Glück.

Wulf Plickat

Eddie geht fremd

Ich muß ihnen erzählen, wie mein Freund Eddie Spencer sich ein lebenslanges Angelverbot an einem der exklusivsten Forellengewässer England einhandelte.

Eddie war Vertreter und stattete einem Kunden bei Cheltenham einen mehrtägigen Besuch ab. Während dieser Zeit wollte er seine Abende natürlich nicht vergeuden und so zog er Erkundigungen ein, wie es denn um die Angelei in der Gegend bestellt sei. Nach einigem Hin und Her geriet er an den Sekretär dieses hundert Jahre alten Traditionsclubs von Fliegenfischern. Die hatten einen See vor den Toren der Stadt gepachtet und waren alle eingefleischte Trockenfliegenfischer der edelsten Sorte.

Nun, Eddie hatte Zeit, sein Angelgerät im Kofferraum, und wollte nichts lieber als abends angeln gehen. Also band er seine beste Krawatte um und stand einem Komitee von ehrwürdigen, grauhaarigen Gentlemen getreulich Rede und Antwort, ehe er endlich eine handgeschriebene Erlaubniskarte für zwei Abende ausgestellt bekam. Er bedankte sich bescheiden und fuhr schnurstracks an den Forellensee.

Es gab da nur drei kleine Schwierigkeiten. Die Mitglieder des Angelclubs fischten ausschließlich mit der Trockenfliege und waren sehr stolz darauf, kleine Kunstfliegen zur rechten Zeit am rechten Platz und mit der gehörigen Eleganz zu servieren. Das zweite Problem war, daß Eddie ein fanatischer Friedfischangler war, vor allem auf Karpfen. Und das dritte war, daß es in dem See tatsächlich einen Karpfen gab, einen Goldkarpfen sogar, das Maskottchen des Vereins.

Es war ein herrlicher ruhiger Abend und Eddie - ohnehin kein Freund der Fliegenrute - hatte es bald satt, immer die gleiche kleine Fliege über ein offenkundig fischleeres Wasser zu peitschen.

In diesem Augenblick hörte er ein sattes platschendes Geräusch weit draußen im See, das er sofort erkannte: ein schlagender Karpfen!

Es kostete Eddie nur ein paar Minuten, aus dem Kofferraum eine Spinnrute und eine Stationärrolle herauszukramen und einen großen Einzelhaken anzuknoten. Ein wenig Blei aufs Vorfach und schon war die Karpfenangel fertig. Ich weiß nicht, ob Eddie vorher gewußt hatte, daß da ein Karpfen im See hauste. In jedem Fall hatte er eine Scheibe Toastbrot von seinem Frühstück im Hotel dabei. Davon kniff er ein dickes Stück ab, zog es auf den Haken und warf den beschwerten Köder so weit wie möglich hinaus in den See, in Richtung auf den Ring, der sich nach dem Platschen gebildet hatte.

Nun weiß ich, daß Eddie zumindest nicht immer die Wahrheit erzählt (wie die meisten Angler) und deshalb glaube ich ihm noch lange nicht alles. Aber er hat es mir genauso erzählt: Daß er nämlich hören konnte, wie der Karpfen das Brot einschlürfte. Dann schlug Eddie an, hakte den Fisch und begann zu drillen. Es war ein Monster - schließlich wurde der Fisch seit Jahren von den Vereinsmitgliedern gehätschelt und gefüttert - und so machte sich Eddie auf einen langen Kampf gefaßt.

Just in diesem Augenblick kam ein Mann aus dem Schatten der Bäume ans Wasser herunter. Er trug ein Tweed-Jacket, Knickerbocker, einen Tweed-Hut und in der Hand eine gespließte Fliegenrute. Es war der Erste Sekretär des Angelclubs.

Eddie kriegte den Karpfen schließlich, löste vorsichtig den Haken und setzte den Fisch behutsam zurück. Währenddessen starrte ihm der Sekretär wie gebannt über die Schulter, offensichtlich seinen Augen nicht trauend, vor allem als er das Stück Toastbrot erblickte. Dann räusperte er sich und sagte: „Sir, es wäre vielleicht besser, wenn Sie sich in Zukunft im Umkreis von 100 Meilen um diesen See nicht mehr blicken ließen, - wenn Ihnen Ihr Leben lieb ist. Guten Abend."

Roderick Wilkinson
aus dem Englischen
von Richard Lütticken

Besuch in der Nacht

Als blasse, vollständige Scheibe präsentierte sich der Mond in dieser Nacht. Wenn er zwischen den wandernen Wolkenfetzen hervorlugte, ging ein Glitzern über den Forellensee. Säuselnd zog der Nachtwind durch die Wipfel der Uferbäume. Grillen zirpten monoton, ab und zu erscholl der einsame Ruf eines Käuzchens.

Martin Hüttig stellte sein Fahrrad ab und montierte seine Angel. Eine handliche Teleskoprute, Glasfaser mit Carboneinlage. Ans Ende der 25er Schnur befestigte er einen winzigen, schimmernden Wobbler aus Balsaholz. Das Gewässer war reich an guten Regenbogenforellen und Hüttig kannte die besten Plätze. Nie ging er ohne Beute nach Hause. Er kam immer nachts hierher. Nicht, weil er dann besser fing: Martin Hüttig hatte keinen Angelschein. Denn der war teuer. Sehr teuer, und das zu Recht .

Ein kurzes, gekonntes Schwippen der Rute beförderte den Köder weit hinaus. Hüttig warf absichtlich zu weit, um den Wobbler dann geräuschlos über die aussichtsreichen Stellen zu ziehen. Er spürte den Zug und die Bewegung des Köders, als er begann, die Rollenkurbel zu drehen. Der Schwarzangler ließ seinen Blick zum gegenseitigen Ufer schweifen. Vor dem Schilf glaubte er, einen Graureiher auszumachen. Er konnte sich ebensogut irren. Wie neulich, als er sich beobachtet fühlte. Aber das Gefühl hat man ohne Angelerlaubnis wohl immer.

Hüttig horchte plötzlich auf. Motorengeräusch näherte sich. „Schwerer Wagen, Sechszylinder", dachte er und blickte angestrengt in die Dunkelheit. „Kein Licht, verflixt, warum hat er kein Licht an?" fragte er sich. „Noch ein Schwarzangler?" Das Auto kämpfte sich mit schleifender Kupplung über den unbefestigten Uferweg, dann erstarb das Motorengeräusch. Hüttig vernahm das Knarren einer Handbremse. Die Rute behutsam in das hohe Ufergras legend, ging er neben seinem Fahrrad in die Knie.

Nächtlicher Besuch

Durch das dichte Gebüsch, das ihn vom Auto trennte, sah er schemenhaft zwei Männer aussteigen. Einer von ihnen rauchte; die Zigarettenspitze glühte im Dunkeln. „Verdammt einsam hier", sagte der Raucher. „Gut für uns", erwiderte der andere, der den Kofferraum aufklappte. Er war kleiner als der Raucher, seine Stimme klang hohl.

„Los, hilf mir, ihn herauszuheben." Die Männer beugten sich über das Wagenheck. Die Last, die sie anhoben, schien sehr schwer zu sein. Beide keuchten vor Anstrengung.

Martin Hüttig schwitzte. Nachtangeln, dazu noch illegal, war zwar spannend: Die Geräusche, die Tiere, die ganze Atmosphäre. Aber das hier war mehr. „Eine Leiche", schoß es Hüttig in den Sinn, „die beseitigen hier eine Leiche." Er spürte seine Beine zittern und stützte sich mit der rechten Hand an einen dicken Ahornstamm .

Die beiden Gestalten ließen ihre schwere, dunkle Last fallen. Es gab ein dumpfes Geräusch, als die Masse auf dem nachgebenden Waldboden aufschlug. „Eigentlich schade um ihn", murmelte der Raucher. Er schnippte seine Kippe in den Teich, wo sie zischend erlosch. „Um Schwarzangler ist es nie schade", sagte der andere, kleinere laut. „Er hätte ja eine Angelkarte kaufen können. Los, hol die Spaten raus."

Kein Ausweg?

Hüttig spürte das Blut in den Adern gefrieren. Seine Beine wurden gefühllos, und er hätte sich gerne hingesetzt, aber er durfte kein Geräusch machen. Bloß keine Geräusche. „Die haben einen wie mich umgebracht", dachte er immer wieder. In der Umgebung gab es einige gute Teiche, und er wußte, daß die Pächter sehr böse werden konnten, aber so was. Hüttig biß sich auf die Lippen. Wegzulaufen wagte er nicht, er wäre bestimmt vor Angst gestolpert. Und dann? Martin Hüttig wagte nicht, den Gedanken zu Ende zu spinnen. Er mußte weg, möglichst sofort. Aber wie?

Hinter dem Gebüsch hatten die Männer inzwischen zu graben begonnen. Abwechselnd stießen die Spaten in den Waldboden. Wenn sie Wurzeln durchtrennten, knackte es laut und durchdringend. „Wir müssen ihn genau wie die anderen tiefer als einen Meter legen", keuchte der Raucher zwischen zwei Spatenstichen, „wegen der Tiere." Hüttig wurde kurzzeitig schwarz vor Augen. Das konnte nicht wahr sein. Er zitterte jetzt am ganzen Körper. Ihm wurde schlecht, und er konnte ein leises Stöhnen nicht mehr zurückhalten.

„Was war das?" Der Kleine unterbrach seine Arbeit. Jetzt hörte auch der andere auf zu graben und horchte in die Finsternis. „Keine Ahnung. Ich schau mal nach. Gib mir die Automatik." Hüttig hörte ein metallisches Geräusch, als würde eine Coladose geöffnet. „Der lädt seine Pistole durch!", ging es ihm auf.

Jetzt raschelte es vor Hüttig im Gebüsch. Blitzartig sprang der

Schwarzangler hoch, drehte sich noch auf der Stelle um und rannte mit kraftvollem Antritt los. „Halt!", schrie der Raucher. Hüttig dachte nicht daran. Adrenalin durchraste seine Adern, in ihm lief ein uraltes Programm ab. Flucht. Mit Gewalt bahnte er sich einen Weg durch das Dickicht. Er konnte sich nicht erinnern, je so gerannt zu sein. Äste zerschrammten seine Hände und sein Gesicht, ihm war das egal. Weg, nur weg! Er wußte nicht, wie dicht sie hinter ihm waren. Warum hatten sie die Pistole nicht benutzt? Er schob es auf seine dunkle Kleidung - im düsteren Wald eine gute Tarnung.

Wilde Flucht

Hüttig hastete weiter. Seine Lunge rasselte bei jedem gequälten Atemzug. Er verließ den Hain, überquerte hakenschlagend zwei Roggenfelder. Einige Male strauchelte er, doch er konnte sich immer wieder fangen. Erst an der nächsten Landstraße hielt Hüttig inne. Er blickte zurück. Niemand zu sehen.

Geschafft! Vornübergebeugt blieb er im Straßengraben stehen und stemmte keuchend beide Arme in seine schmerzenden Hüften. Jetzt bloß nach Hause. Nach einer Verschnaufpause begann Hüttig, die Straße entlangzutrotten. Die durchgeschwitzten Sachen schienen förmlich an ihm zu kleben.

Am Teich war unterdessen Ruhe eingekehrt. Nur der kleine Mann, der gelassen am Auto lehnte, lachte vergnügt. „Der kommt nie wieder", freute er sich prustend und holte noch ein Bier aus dem Wagen. Wieder knackte es metallisch, als er die Dose öffnete. Er reichte sie dem Raucher, der gerade seinen Blick über ihren Forellenteich schweifen ließ. „Prost!"

Der Raucher betrachtete versonnen den großen, dunkelgrauen Zementsack, der hinter dem Kofferraum lag. Dann grinste er: „Hat glänzend geklappt." Das Fahrrad und die Angelsachen würden sie behalten. Als Entschädigung für die teuren Forellen, die ihnen der Halunke in den letzten Monaten weggefangen hatte.

Jörg Buxbaum

Die Schlange

Ich gebe zu, ich angele nicht mehr so gern auf Aal. Vermutlich hängt das damit zusammen, daß ich mit den Schleimis ständig schlechte Erfahrungen machte. Entweder die Aale wickeln sich im Wasser um irgendwelche Äste, und ich kriege sie gar nicht erst zu sehen. Oder sie winden sich im Boot um meine schöne neue Kameratasche. Oder man kriegt sie einfach nicht gebändigt.

Nun, das alles geht ja noch. Doch bei meinem letzten Aal-Ausflug kam es beinahe zur Katastrophe. Der Fisch sorgte nämlich bei einigen Nichtanglern für Panik, beschäftigte die Wasserschutz-Polizei, schließlich die Pressestelle der Polizei und einige Lokalredakteure.

Schuld an dem fischigen Drama war eigentlich ein Freund. „Mensch, im Hafen, da wimmelt`s von feisten Aalen", hatte er mich gelockt. „Da gibt`s Stellen, da fangen sie Aale ohne Ende." „Tatsächlich?" Aale ohne Ende, so lang sie die?", witzelte ich noch. Doch der Fang-Virus hatte mich bereits gepackt.

„Aber die Hafen-Aale, die kann man doch nicht essen", wandte ich noch ein.

„Na und, dafür drillt man da Meter-Aale. Du kannst sie ja wieder zurücksetzen", sagte der Freund. Also gut. Am nächsten Abend ging`s los.

Der hafenkundige Angelfreund fuhr los - geradewegs zur Fischauktionshalle.

„Was sollen wir denn hier? Ich dachte, wir wollten die Fische fangen", wandte ich ein.

„Nur parken, der Angelplatz liegt gleich um die Ecke." Aha. Na dann los.

Es dauerte auch gar nicht lange, und wir fingen auf unsere Tauwürmer vier Aale. Der Freund drei, ich einen. Dann hatte ich wieder einen dran. Einen mordsmäßigen. Endlich hatte ich ihn oben auf dem Kai. Zum Abködern brauchte ich die kleine Zange aus meiner Tasche, die zehn Meter weiter lag. Und dann ist es irgendwie passiert: Als ich zurückkomme, ist der Aal weg, einfach ausgebüxt, ins Dunkel entschwunden.

„Hast Du gesehen, wo der hin ist?". „Nee", sagt der Freund. Na, denke ich, dann brauche ich mich mit dem Aal auch nicht abzukämpfen. Eine Viertelstunde später machen wir Schluß, fahren nach Hause, es ist schon spät.

Doch am nächsten Morgen, beim Frühstück, holt mich der Aal wieder ein. Ja, er springt mir sozusagen ins Gesicht. Auf Seite 1 im Lokalteil meiner Zeitung lese ich:

Eine vermeintliche Schlange hat am späten Abend für Unruhe an der Fischauktionshalle gesorgt. Schreiend hielten drei Frauen einen

Streifenwagen an und machten die Beamten auf ein sich schlängelndes Tier aufmerksam. Die Polizisten identifizierten das Tier als Aal, fingen es ein und setzten es wieder in die Elbe.

„Steht was Komisches in der Zeitung?", fragt meine Frau, als ich lospruste. „Ach, da haben zwei Wasserschutzpolizisten einen Elbaal gefangen", sagte ich.

Georg Alexander

Oberflächlich betrachtet

Grell gleißend begrüßt mich die Sonne, als ich meinen Schlafsack beiseite streife. Habe Kopfschmerzen, doch schon der Vormittag droht wieder mit brütender Hitze. Warmes Mineralwasser ohne Kohlensäure kann mich nicht aufheitern, die erste Zigarette schmeckt eklig. Und die ganze Nacht über kein Zupfer und natürlich wieder nichts gefangen.

Ich bin der einzige am Baggersee, der noch lange Hosen trägt. Samt Pullover, der am unrasierten Kinn schubbert und irgendwie an Karpfenschleim erinnert. Und überall, wirklich überall Badegäste. Ich komme mir vor wie ein Eskimo samt Iglu im Freibad.

Schatten-Spiele

Erstmal die nutzlosen Grundruten einkurbeln, bevor sich ein selbstmörderischer Surfer in den Schnüren aufhängt. Der Thermo-Unterwäsche entledigt und dank eines Kaffees überdenke ich die Lage: Es ist noch recht früh, die Karpfen können noch lange nicht oben stehen, vielleicht...

Neugierig streife ich zur kleinen Seerosenbucht, und richtig - an der Oberfläche zieht ein breiter Schatten. Und daneben noch einer, mehrere. Das reicht!

Zurücklaufend streifen meine Augen einige sehr hübsche Wesen in netter Sommermode. Egal, ich habe Wichtigeres im Sinn und in meiner etwas, äh, mitgenommenen Erscheinung hätte ich auch bei einem Backfisch keine Chance.

Zurück am Angelplatz fische ich hektisch eine Kristallpose aus dem Bodensatz meines Gerätekoffers, fädele Schnur durch die Ringe meiner leichtesten Karpfenrute. Wenn bloß diese Zitterfinger still halten könnten. Frühstück fällt aus, da ich erstens keine Zeit habe und zweitens das einzige Brötchen anderweitig dringender benötige. Im Nu wieder am Einsatzort gelingt es mir schließlich, eine Brötchenkruste auf den Haken zu spießen. Schritt für Schritt manövriere ich mich in Abschußposition. So, jetzt komme ich, nun wird es ernst für euch dumme Fische.

Ich gehe in die weichen Knie und peile den Dicksten an. Doch welcher ist das? Mindestens drei U-Boote und zwei Schlachtschiffe kreuzen da vor mir. Dann entscheide ich mich für einen Flugzeugträger rechts davon. Mein Jagdtrieb läuft volltourig, ich

muß mich zwingen, ruhiger zu atmen. Genau angepeilt, ich werfe - „Platsch!" flutscht die Kruste direkt vor mir aufs Wasser, schwirrt Pose um Rutenspitze. Verdammt, der blöde Bügel ist zu.

Nur noch Bugwellen

Gemächlich schwimmen die Karpfen weiter hin und her, zum Greifen nah. Aber gerade dies macht mich völlig wirr, tatterig. Schließlich, endlich, alles wieder in Stellung. Die breiten Rücken drehen weiter ihre Warteschleifen. Ha, ihr Ahnungslosen, wenn ihr nur wüßtet! Mit sachtem Unterschwung segelt eine Kruste durch die Lüfte, mit sanftem Plop kaum die Oberfläche kräuselnd, geradewegs auf den Allerdicksten zu: zwanzig Pfund, mindestens. Hast-Du-Nicht-Gesehen, wie nach einem Startschuß mitten hinein in die sanfte Idylle, stiebt die Fischgesellschaft in alle Richtungen, davon und ward nicht mehr gesichtet, Nur riesige Bugwellen zeugen still von der verpatzten Chance. Vor Wut könnte ich in den Rutengriff beißen.

Erst vier Zigaretten und zwei Kaffee später fühle ich mich besser. So leicht gebe ich nicht auf, jetzt erst recht! Ich plane die nächste Attacke, diesmal allerdings sehr besonnen und mit möglichst kooperativen Karpfen, bitte. Wird doch als Gipfel aller Karpfen-Heldentaten gemeinhin das Fischen auf Sicht gepriesen. Dabei schleicht sich der Karpfenangler so heran, daß selbst Rothäute vor Neid erblassen. Nichts Übles darf den Karpfen an der Oberfläche schwanen, regungslos fixieren sie die herannahenden Krusten und bekommen ganz runde Augen dabei, ich schwöre es.

Müde schlappern sie eine angefütterte Kruste nach der anderen ein. Immer mehr Mäuler tauchen auf, immer mehr Krusten verschwinden. Verflixt, welche in diesem Getümmel war denn nun diejenige, die meine Hoffnungen, meinen Haken birgt? Die Spannung schwillt arg an - ein Rüsselmaul schiebt sich träg und unerträglich langsam in Richtung der Brotkruste, die den Haken birgt. Tränend ist mein Auge auf das Maul gebannt, das, im Rhythmus lautlos klappend, so unermeßlich riesig erscheint. Ich wage kaum noch zu atmen, höre nichts mehr, zu laut ist mein eigenes Herztrommeln. Er hat den Köder entdeckt. Nur noch Zentimeter, dann - Riesenschwall!

Wieder verpatzt

Sofort schlage ich an, zischt Schnur durch Wasser. Doch was ist das - kein Widerstand? Noch ein Anhieb, verzweifelt, kann nichts mehr retten. Wieder verpatzt. Kraftlos sinkt die Gerte nieder. Ich fühle mich zu müde, um einzukurbeln. Friedlich, für meinen Geschmack viel zu still, ruht das Blau vor mir. Hätte ich es nicht selbst gesehen, würde ich nicht glauben, daß sich hier vor wenigen Augenblicken noch eine ganze Karpfen-Gesellschaft arglos in den Tag hinein tummelte.

Nanu...? Da zuckt doch etwas, ganz zart: Am Haken zappelt ein vorwitziges Rotfederlein...

Ich packte erschöpft ein und schleppte mich in Angelkluft in Gluthitze zum Wagen. Aus dem Radio dröhnte die Wettervorhersage irgend etwas von sonnig und heiter für die nächsten drei Monate oder so. Natürlich übernimmt es ein Angelbuch vom anderen, daß gerade jetzt die Zeit für die Oberflächenpirsch gekommen ist. Wer sich darin erproben will, soll es tun und mir dann seine Erlebnisse schildern. Und ich werde gespannt lauschen.

Wulf Plickat

Hunger-Künstler

Es ist immer dasselbe, wenn ich angeln gehe. Ich bin so heiß darauf, ans Wasser zu kommen, daß ich mir gerade noch die Zeit nehme, das wichtigste an Gerät zusammenzupacken. Ich würde vor Spannung platzen, wenn ich auch nur fünf Minuten damit vertrödeln müßte, mir eine Stulle oder eine Thermosflasche Tee zu machen.

Nach fünf Stunden Angeln beginne ich dann mit mir zu schimpfen, weil ich so desorganisiert und ungeduldig bin. Ich sage mir, es ist menschenmöglich, Verpflegung vorzubereiten, bevor man aufbricht. Habe ich nicht mit eigenen Augen gesehen, wie Angler am Wasser ankamen, nicht nur mit genug Gerätschaften, um einen Laden einzurichten, sondern auch mit genug Eßwaren, um ein Restaurant zu eröffnen?

Alles wäre ja nicht so schlimm, wenn ich mich auf meine Freunde verlassen könnte. Aber auch wenn die immer mal gut sind für einen Ersatzhaken oder eine Pose, kommt es nur selten vor, daß einer von ihnen mehr mit hat als eine Packung Kartoffelchips.

Ablenkung

Ich versuche, meinen Hunger zu überwinden, indem ich mich auf einen schwierigen Wurf konzentriere. An einem kleinen Seerosenfeld, nicht weit vom Einlauf in den See entfernt, hatte ich einen Karpfen entdeckt. Um ihn zu erreichen, mußte ich meine Brotkruste über hohe Schilfhalme bugsieren und dabei aufpassen, daß der Köder nicht auf der gegenüberliegenden Seite in einem weiteren Schilffeld landete. Nach drei Versuchen lag der Köder richtig, und innerhalb von Sekunden nahm der Karpfen ihn mit einem beiläufigen Schlürfen. Als ich anschlug, tauchte er auf mich zu und verschnürte sich sauber in einem Schilfbüschel. Ich mußte meinen Freund Jasper zu Hilfe rufen. Der watete hinaus und irgendwie bekam er den Lümmel in den Kescher.

„Kaum der Mühe wert", sagte er und schaute auf den Dreipfünder herab.

„Mal ganz was anderes", antwortete ich, „hast Du was zu essen?"

„Ich fürchte nein."

„Wir könnten den Karpfen braten", sagte Jasper.

„Das grenzt an Kannibalismus", sagte ich, „und überhaupt, wir haben keine Kartoffeln dazu."

Wir wußten, wir würden in aller Stille verhungern, wenn wir weiterfischten, aber genau das taten wir, weil die Karpfen immer noch aktiv waren, und wir hofften, einen der scheuen Monsterfische zu erwischen. Eine Stunde später sah ich einen Apfelkuchen aus einem Krautbett auftauchen. Jasper sagte, seine Würfe hätten sich enorm verbessert, seit er entdeckt hatte, daß der Teich mit Schokoladenkeksen besetzt war. Aber er konnte sie nicht haken. Ich meinte, wir gingen besser heim.

Hungersnot

Ein paar Wochen später begaben sich vier von uns auf einen denkwürdigen Trip an einen Karpfensee in Südwales. Natürlich waren wir gerätemäßig gut gerüstet, und wir hatten auch Verpflegung.

Wir wollten neun Tage bleiben, aber schon nach drei Tagen hatten wir alles aufgegessen, und nach fünf Tagen war unser Geld alle. Am sechsten Tag war der Hunger der Karpfen so groß, daß wir unseren eigenen vergaßen, aber am siebten war uns klar, daß wir zu drastischen Maßnahmen würden greifen müssen. Also ließen wir am Morgen nach einer Tasse schwarzen Tee die Karpfen in Ruhe und fuhren an den nächsten Fluß, um ein paar Forellen zu fangen. Die Forellenfischerei am schottischen Ithen war in dieser Saison nicht sehr bemerkenswert. Tatsächlich taten uns die echten Forellenfischer leid. Wenn vier abgehärtete (und ausgehungerte) Karpfenangler zusammen nur eine Forelle fangen, und das auf Wurm, welche Chance hat dann der Trockenfliegen-Purist?

Es war mein Bruder Nick, der den Fisch fing, und für alle war er nicht groß genug. Wir sahen Nick zu, wie er den Fisch ausnahm, säuberte und über einem kleinen Feuer briet. Aber wir konnten es nicht ertragen, ihm beim Essen zuzusehen.

Am nächsten Tag dachte ich an Captain Oates. Das war jenes selbstlose Mitglied von Scotts Antarktis-Expedition, der allein in den Schneesturm hinausging, damit die schwindenden Vorräte für den Rest des Teams ausreichten. Ich folgte Oates tapferem Beispiel und verließ am frühen Morgen das Zelt am Seeufer, damit die anderen sich die verbleibenden Teebeutel und ein trockenes Brot teilen konnten. Ich trampte nach Hause und verbrachte die Nacht in der Speisekammer.

Barben-Tag

Ein paar Jahre später, am letzten Tag im September, holte mich Jasper wieder in der Morgendämmerung ab. Wir hatten es auf Barben abgesehen und kamen genau mit Sonnenaufgang am Avon bei Ringwood an. Ein herrlicher Morgen: auf den Wiesen funkelte der Tau, die Luft war warm und feucht, und im Fluß spiegelten sich die ersten Barben des Herbstes.

Gegen neun Uhr sahen wir eine vertraute Gestalt sich über die Felder nähern, in der einen Hand eine Gespließte, einen geräumigen Kescher in der anderen, und eine Angeltasche über der Schulter. Aus dem Rahmen fiel lediglich, daß unser Freund neben dem Landenetz in seiner Linken eine große weiße Plastiktüte trug. „Sei gegrüßt, edler Parker!", sagten wir. „Grüße auch euch, Brüder der Barbenzunft", antwortete er.

„Was ist in dem Beutel?", fragte ich. „Das verrate ich nicht", kam die Antwort.

Wir hatten einen ziemlich harten Angeltag. Ich kämpfte mich durch den Ufer-Dschungel und fischte an Stellen, an denen man klettern oder kriechen mußte, bevor man werfen konnte. Ich entdeckte einen Platz, an dem die Strömung den Köder unter eine riesige halb versunkene Weide trug. Beim ersten Wurf bekam ich einen Mordsbiß, und mir blieb nichts anderes übrig, als den Fisch einfach auf Spannung zu halten. Ein paar Sekunden lang schien ich zu gewinnen, dann verkeilte sich der Fisch zwischen den treibenden Zweigen und saß fest.

Teezeit

Jasper, der mit kleinen Ködern angelte, hatte ein paar Döbel und eine wunderschöne, zweipfündige Äsche. Parker ging leer aus, hatte aber wie ich seine Chancen.

Wie gesagt, wir arbeiteten hart, und zur Teezeit begann ich, den vertrauten nagenden Hunger zu spüren. Einmal mehr sehnte ich mich nach anderen Dingen als nach Fischen. Ich stolperte zurück durch das Dickicht und trottete flußauf, dorthin, wo Jasper angelte. Stellen Sie sich mein Entzücken vor, als ich am Ufer seinen Teekessel brodeln sah.

„Ich nehme an, du hast nichts, was man dazu essen könnte", fragte Jasper, als er drei Tassen mi Tee füllte.

„Sprich bloß nicht vom Essen", sagte ich, „oder wir fangen wieder an, Halluzinationen zu haben." Parker, der das Geklapper der Becher hörte, kam das Ufer entlang mit seiner Plastiktüte. „Es ist ein Geschenk vom Captain", sagte er (der Captain ist seine Frau). Als er die Tüte auspackte, brach die Sonne durch die Wolken, Barben sprangen aus dem Wasser, Wühlmäuse tanzten Arm in Arm durchs Gras, ein Schwan sang eine Opern-Arie, Glocken begannen zu läuten und die Heuschrecken auf der Wiese applaudierten spontan.

Es war ein Pflaumenkuchen!

Chris Yates

Mit freundlicher Genehmigung des Autors aus dem Buch „Casting at the Sun", Pelham Books, London.

Aus dem Englischen von Richard Lütticken.

Der Alte - Aus den Memoiren
eines tollen Hechtes

Etwa eine Wegstunde vor der Stadt, dort, wo die Ems einen kleine Bogen macht und eine der knorrigen Eichen, die dort das Ufer säumen, der Länge nach im Fluß lag, hatte ich seinerzeit mein Raubrevier.

Der Baum wurde das Opfer eines zuckenden Blitzes, und die Erde bebte, als er mit Getöse in das von Sturmböen gepeitschte Wasser fiel.

So erschrocken ich damals war, so froh bin ich noch jetzt, daß es ihn gibt, denn ohne diesen Baum wäre meine Begegnung mit einem Menschen sicher auch die letzte gewesen.

Es war Samstag, als ich den verdächtigen Schatten am Ufer etwas ins Wasser werfen sah. Torkelnd und silberglänzend zog kurz darauf ein kleiner Fisch in unmittelbarer Nähe seine Bahn.

Erst kurz vor dem Zuschnappen erkannte ich den Schwindel und drehte augenblicklich vor Erreichen des Blechfisches mit einem starken Schlag meiner großen Schwanzflosse wieder ab.

Wie angewurzelt blieb der Schatten am Ufer noch eine Weile stehen. Er zitterte am ganzen Leibe und unaufhörlich murmelten seine Lippen: „Das war er bestimmt!" Und damit konnte nur ich gemeint sein, ich, Esox, der Große.

Mit immer neuen Würfen seines Blechfisches, mal langsam an der Oberfläche taumelnd, dann wieder bis auf den Boden absinkend und ruckweise eingeholt, sollte ich nur einmal wenigstens noch getäuscht werden. Seine Mühe jedoch wurde nicht belohnt, denn es blieb bei den vielen Würfen ja nicht aus, daß einer genau in Richtung auf den schon dick mit grünlichschimmernden Algen und schwarzen Muscheln bedeckten Baumstamm zielte.

Mattsilbern glänzend hielt sich der Blinker genau an den Weg seiner vielen Vorgänger und gesellte sich in stiller Eintracht diesen zu. Wer den Baum zum ersten Male sah, hätte meinen können, ein ordengeschmückter Krieger hätte hier die letzte Ruhestätte gefunden.

Mein Revier

Von diesem reichverzierten Baum bis hinunter zu dem kleinen, schon etwas altersschwachen Steg, der früher einmal zum Wäschespülen benutzt wurde, ging mein Revier. Es mochten so an die 100 m im Geviert sein. Nicht zuviel und nicht zu wenig für einen, der im Wasser zwar gewichtslos scheint, auf einer Waage aber, wie sie Menschen sonst benutzen, den Zeiger bis zur Zehnkilomarke drücken würde. Ich bin ein sogenannter „Kapitaler", und so versuchen jedes Jahr aufs neue ganze Heerscharen von Anglern, mich zu überlisten.

Wenn ich jetzt im Winter, da Eis und Schnee auch meine Flossen etwas schwerer werden lassen, an die vergangenen Jahre zurückdenke, dann ist es überhaupt ein Wunder, wenn das Innere meines Kopfes nicht schon längst mit Gips gefüllt ist. Da war zum Beispiel die Sache vor fünf Jahren. Es war die Zeit der bunten Blätter, die schneeflockengleich auf den Fluß schwebten. Schon seit Urzeiten plagt mich und meine Sippe dann der Hunger besonders stark. Von der Ente bis zum Frosch war uns dann alles recht, wenn es nur half, den Bauch zu füllen.

Da war es in den Sommermonaten schon anders. Nur ausgesuchte Leckereien kamen dann in Frage, ein fetter Gründling vielleicht oder einer von den vielen kleinen Karpfen, die Angler zur bestimmten Zeit reihenweise ins Wasser purzeln ließen. Angler fangen schließlich nicht nur Fische, sondern setzen auch immer wieder welche ein.

Im Herbst, wie gesagt, bin ich nicht wählerisch. Aber als dann so etwa zwei mittlere Schwanzlängen von meinem Baum entfernt plötzlich ein kleines Rotauge auftauchte, kam wieder das Mißtrauen. Faule Sache, so ein allein schwimmendes Rotauge. Sonst kamen sie doch immer im Schwarm, und ich konnte mir in aller Ruhe die rundlichsten aussuchen. Zwei Fische bekam ich fast immer, ehe die ganze Gesellschaft auseinanderstob, als säße ihr der Teufel im Nacken.

Dieser einzelne jedoch schien krank zu sein. Er machte so komische Bewegungen, schwamm manchmal unnatürlich in der Rückenlage und schien nicht recht vom Fleck zu kommen. Ein Sprung, ein gelber Blitz und tausend Zähne bohrten sich gleichzeitig mit Nadelspitzen in das weiße, weiche Fleisch. Routinesache so etwas, geht bei mir fast wie im Schlaf! Doch diesmal war da noch etwas anderes dabei, ein Ruck, ein unnatürlicher Zug am Maul, der mich nicht schwimmen ließ, wie ich wollte.

Mit aller Kraft

Jetzt half mir nur noch meine Kraft. Alle Muskeln gespannt und dann ein Riesensatz. Langsam, so als zöge ich einen ganzen Baumstamm hinter mir her, gewann ich mühsam einige Meter. Die Puste ging mir fast schon aus, doch kaum wollte ich verschnaufen, da zog es mich mit Riesenkräften in die andere Richtung zurück. Das dunkle Grün des Wassers ging unmerklich in ein helleres Blau über, und dann war ich auch schon oben. Rufen drang an meine Ohren, schemenhafte Umrisse nahmen nur langsam Gestalt an, und ich erkannte einen Dünnen und einen Dicken. Der Dicke hielt mit aufgeregtem Gesicht einen langen Stock, fast kreisrund gebogen, während der Dünne einen kürzeren mit einer Hand ins Wasser hielt und mit der anderen gestikulierend auf mich zeigte. „Der Kescher ist ja viel zu klein für so ein Monstrum", hörte ich ihn rufen und dann wieder den anderen: „Mußt eben versuchen, ihn mit den Händen zu greifen!" Der hatte aber Angst vor mir, man konnte es deutlich sehen. Meine Chance war zwar klein, aber ich mußte sie nutzen. Gerade als die Hand des Dünnen sich streckte, um nach mir zu greifen, dann aber

ängstlich doch für den Bruchteil einer Sekunde zögerte, nahm ich alle Kraft zusammen und legte sie in meine tellergroße Schwanzflosse. Ich sprang mindestens einen Meter hoch, dabei das Maul weitaufreißend und mich schüttelnd.

Beim Zurückfallen ins Wasser wurden die beiden pitschenaß. Aber ich war frei! Erschöpft zu Boden sinkend, zog es mich mit magischer Gewalt in die schützende Finsternis der alten Eiche. Wie ein Leuchtturm wiesen die glitzernden Metallstücke der abgerissenen Blinker den Weg.

Von nun an war ich doppelt vorsichtig. Jahrelang prüfte ich erst dreimal, ehe ich auch wirklich zupackte.

Vielleicht war aber Altersschwäche die Ursache für ein Erlebnis, das ich an einem der letzten Oktobertage des vergangenen Jahres hatte. Wie immer stand ich mit leicht fächelnden Flossen gut getarnt am Stamm der alten Eiche, als plötzlich ein nie gesehenes Etwas langsam näher kam. Bunt schillernd mit stechend roten Flossen, schwänzelnd und lockend, unwiderstehlich trotz seines fremdartigen Aussehens ließ mich sein Anblick alle Vorsicht der vergangenen Zeit vergessen, und ich griff zu.

Wie hart der Brocken war, merkte ich zu spät. Der Geschmack von Holz und Farbe war so widerlich, daß ich mein vor Stunden eingenommenes Frühstück wieder von mir geben mußte. Ich war einem täuschend nachgemachten Holzfischchen aufgesessen, wie es Angler ebenfalls zum Fang von Hechten benutzen.

Meine Erfahrungen halfen mir, auch diese Situation zu überstehen. Bevor der Zug am Maul überhaupt einsetzte, stürmte ich bereits mit aller Kraft davon.

Gewonnen!

Nur wenige Meter noch, und das schützende Dunkel meines Baumes nahm mich auf. Immer tiefer kroch ich in das Gewirr seiner Zweige und hielt erst keuchend inne, als die Schnur auch keinen Millimeter mehr nachgeben wollte. Sie hatte sich unentrinnbar um mehrere starke Äste gewickelt. Mochte der dort oben doch ziehen wie er konnte, den Stamm der Eiche würde er nicht von der Stelle rühren.

Inzwischen sind Monate vergangen und alle Wunden vernarbt. Vorübergehend werde ich jetzt meine Burg verlassen. Schließlich befinde ich mich im heiratsfähigen Alter und will deshalb im nächsten Jahr in den Stand der Ehe treten. Da heißt es, sich rechtzeitig umzusehen. Spätestens im Herbst jedoch treffe ich bestimmt wieder einen Angler, wollen wir wetten?

Rudolf Sack

Aitel Sonnenschein

Seit dem frühen Morgen war ich den Bach entlang gepirscht, allerdings mit mäßigem Erfolg: Nur Halbstarke konnte ich für meinen Mepps begeistern. Langsam wurde ich unkonzentriert, stapfte zu nahe ans Ufer. Und dann sah ich ihn: Hinter einem kleinen Wehr lauerte in der Strömung ein richtig fetter Döbel. Mann, war der groß...

Da taucht doch wieder einer dieser ewigen Optimisten auf. Ich habe ihn bereits seit geraumer Zeit heranstampfen hören. Darf ich mich vorstellen? Ich bin der Traumtyp aus dem Mühlenkolk, Wunschmaße 56 Zentimeter, 2222 Gramm, und zähle mich zur Gattung der Cypriniden. In Bayern heiß ich Aitel, im Westen Döbel, die meisten Angler nennen mich Dickkopf. Auf ihre durchsichtigen Tricks fallen allenfalls die Dummen oder Jungen rein. Ich würde das ganz anders anstellen, aber wie, verrate ich nicht...

Kein klitzekleiner Fehler

Mit großen runden Augen glotzte mir der Döbel geradewegs ins Gesicht. Natürlich hatte er mich längst entdeckt und vermutlich instinktiv meine Gedanken durchschaut. Dennoch rührte er sich nicht vom Fleck. Er war sehr groß, eher fünf Pfund als vier. Geduckt schlich ich zurück, einige Minuten später wollte ich erneut einen Versuch wagen.

Der ist aber hartnäckig. Na, dann wollen wir mal ein wenig stehen bleiben, damit man die neuesten Tricks kennenlernt. Vorsichtshalber, denn man weiß ja nie. Ein klitzekleiner Fehler, einen Leckerbissen zu viel vernascht, und schon machen die einen zum Fotostar.

Aus sicherer Deckung warf ich ein-, zweimal mit dem Mepps, erfolglos. Weitere Würfe riskierte ich nicht, um ihn nicht endgültig zu vergrämen. Denn den Köder hätte er sehen müssen.

Daß diesen Langweilern nie etwas Neues einfällt. Mit der Zeit kennt man seine Pappenheimer eben genau. Dieser hier ist besessen, das sieht man an seinen Augen. Mehr Respekt, bitte. Ich bin doch kein Jung-Hecht.

Ich beschloß, einen barschfarbenen Schwimm-Wobbler auszuprobieren, ließ ihn einfach bei geöffnetem Bügel in der Strömung abtreiben. So würde er ganz unauffällig unter die überhängenden Büsche gelangen und dann, vielleicht...

Nanu, was haben wir denn hier? Zugegeben, das Ding ist raffiniert gemacht und für mich völlig neu, wenngleich es viel zu plump paddelt. So schwimmt aber nun wirklich kein Barsch. Haha, gleich kommen die Äste, dann kann ich mir das Ding in aller Ruhe angucken.

Bedächtig zupfte ich den kleinen Wobbler wieder zurück, ließ ihn verführerisch in der Strömung tänzeln. Da, Biß! Mist, nur ein Hänger. Wenn ich jetzt herumzerre, riecht der Lunte, dumm ist der nicht. Schweren Herzens riß ich schließlich ab.

War das komisch. Man muß beim Angeln-Zugucken nur Geduld haben, dann wird's nicht langweilig. Hm, eigentlich hab' ich jetzt Appetit, aber ich warte lieber, bis der Typ weg ist.

Geknickt setzte ich mich ins Gras. Mit Spinner oder Fliege war hier im kristallklaren Wasser eh nichts auszurichten. Der Morgen

war fast vorbei, die Sonne hochgestiegen, aber von wegen „aitel Sonnenschein". Schmetterlinge und Bienen summten um mich herum... Genau! Das ist's: Eigentlich sind Naturköder hier verboten. Aber wenn man es genau betrachtet, ich meine andersherum, handelt es sich hier ja nicht um eine Forelle, sondern eben um einen Döbel. Und der ist ein arger Laichräuber, sein Fang eine wahre Hegemaßnahme.

Sanft, mit einem kleinen Ring, fiel über mir ein Insekt ins Wasser. Richtig, da zappelt die fette Heuschrecke schon vorbei. Schnell zugeschnappt, bevor die Konkurrenz... Halt! Das war knapp. Da hätte ich fast einen verhängnisvollen Fehler gemacht, im letzten Moment erst erkannte ich das feine Gespinst im Schlepp. Arglistige

Täuschung, Gemeinheit, mir mit verbotenen Naturködern nachzu-
stellen. Da fällt mir doch eine gute, gute Idee ein.

Mir war, als ob direkt unter der Heuschrecke ein Schwall gewesen wäre. Naja, es war halt nur einen Versuch wert. Ich kurbel ein. Da
unten, ein kapitaler Schwall, der Döbel ist flußab gezogen. Während
ich mit meinem Gewissen kämpfe, steigt er noch mal. Das ist zu
viel, ich kann nicht anders. Einmal noch, einen allerletzten Wurf
will ich riskieren. Moment, da ist er ja, schon wieder weiter flußab.
Hastig eile ich ihm hinterher, habe alles um mich herum vergessen.

Unser Hochadel, rotgetupft, scheut seit jeher die Begegnung mit
meinesgleichen. Heute will ich meiner lieben Nachbarin den Vortritt
lassen, der gehässigen, alten Bachforelle. Kaum war ich in ihr Revier
eingedrungen, schoß sie auch schon hervor, bösartig mit den Augen
blitzend. Sie war so erbost, daß sie den Typen da oben nicht bemerkt
hatte. Ich schnappte an der Oberfläche weiter nach imaginären
Leckerbissen, täuschte den besten Abendsprung vor. Voller Futter-
Neid wurde die alte Dame unruhig, ganz gierig.

Da zog er wieder direkt an mir vorbei, wild steigend. Ich konnte
zwar nicht ausmachen, was er gerade jagte, aber der Heuschrecke wird
er auf Dauer nicht widerstehen. Biß, Anschlag! Ja, jetzt hab' ich Dich!
Kämpft ziemlich stark, so ein großer Döbel.. Aber nach zwei gewaltigen Fluchten liegt er im Kescher. Komisch, sieht aus wie eine -
huch, Forelle! Eine kapitale Bachforelle! Wo kommt die denn her?

„Petri Heil!!", - vor Schreck wäre ich fast im Bach gelandet. Diese
Stimme vergißt man nie: Herr Schütz, beruflich Polizist und in seiner
Freizeit Fischereiaufseher, steht direkt hinter mir, und die Forelle
zappelt im Kescher. Deutlich hängt ihr die blöde Heuschrecke zum
Maul heraus. Ich würde doch nicht etwa, äh, ich meine, also da war
ein Döbel und...

„Aha, so sieht also ein Döbel aus, wie?!"

Wulf Plickat

Wie gehabt

Seit Jahren stehen wir, das heißt mein Angelfreund Malte und ich, am 1. April am Wasser. Und nichts, aber auch gar nichts kann uns daran hindern. Selbst Erdbeben oder Vulkanausbrüche - von weit nichtigeren Anlässen einmal ganz abgesehen - würden für ein Fehlen keinen entschuldbaren Tatbestand darstellen. Der 1. April eines jeden Jahres ist in meinem Angelclub der Beginn der Forellensaison.

Sofern mir ein Wechsel in jene Regionen bevorstünde, in denen man höchstens zwei Würfe braucht, um eine Kapitale zu landen, und als dieser Tag wäre der 1. April bestimmt, ich hätte mindestens drei Dutzend sehr gute Ausreden parat, das unvermeidliche Ereignis auf den 2. April zu verschieben ...

Ich jedenfalls wunderte mich nicht, daß ich am 15. März die schriftliche Mitteilung meines Angelfreundes Malte auf dem Schreibtisch vorfand, die nur eine Frage enthielt: „Alles wie im letzten Jahr?" Die Antwort meinerseits - überflüssig zu erwähnen, daß ich den Urlaub für den 1. April schon am 2. Januar eingereicht hatte - erfolgte prompt: „Alles klar und wie gehabt!"

Am 31. März also reiste Malte an - bei strömenden Regen. Wir lauschten der Wettervorhersage am Abend, andächtig wie Kinder einen Grimms-Märchen. An das Wort „Märchen" sollten wir übrigens noch denken.

„Nachlassende Schauertätigkeit, gegen Mittag aufklarendes Wetter, Temperaturen bis 15 Grad."

„Na bitte", sagte ich.

Ein As

Pünktlich um 5 Uhr morgens waren wir auf den Beinen. Das Thermometer zeigte minus 3 Grad, als Malte begann, die Scheiben seines Wagens für die Fahrt zum Wasser freizukratzen. „Wenn es heute 15 Grad werden, kannst Du mir meine Klamotten nachtragen! Dann angel ich in der Badehose", bemerkte ich. „Egal", entgegnete Malte, „jetzt wird gefischt!"

Am Bach angekommen, mußten wir feststellen, daß es während des Anfahrtsweges noch nicht viel wärmer geworden war; dafür hatte das Wasser eine Färbung, die eine nicht unerhebliche Ähnlichkeit mit dem Kaffee aus dem Automaten in meinem Amt hatte.

Meine Hände waren blau gefroren, als ich mir die Watstiefel hoch-
krempelte und einen Spinnköder anband.

„Da ist der erste Kolk", sagte ich zu Malte, „Du hast wie immer als
Gast den ersten Wurf!" Malte visierte das gegenüberliegende unter-
spülte Ufer an, holte aus, der Köder tauchte zwei Zentimeter vor einer
Baumwurzel ein. „Da", rief Malte, „ein As! Und das Wetter wird auch
besser!"

Wie auf Bestellung setzte ein leichter Nieselregen ein. Ohne
Fisch oder Anbiß wateten wir weiter bachaufwärts. Nächster Kolk,
nächster Überfall, nächste Fließstrecke: Nichts! Dafür nahm der
Regen zu.

„Gegen Mittag wird es besser!", orakelte Malte. „Bis dahin kannst
Du auf meinem Hut Reis anbauen!" Nach zwei Kilometern Flußstrecke
holte Malte die Taschenflasche aus dem Fischkorb und schenkte
jedem einen ordentlichen Cognac ein.

„Wir sollten bei der Hitze nicht so viel trinken", ermahnte ich ihn.

Der Regen hatte auf meinem Hut mittlerweile ein Delta gebildet:

Ein Seitenarm floß direkt in meinen Kragen und am Rücken herunter, der andere nahm seinen Weg über meine Angeljacke. Beide Ströme vereinigten sich oberhalb meiner Watstiefel wieder und verlandeten schließlich an meinem linken Oberschenkel.

Ein kleines Stück weiter oberhalb lag mein Lieblingskolk. „Der bringt es", sagte Malte, „da vorn, in der Strömung, da steht eine „Regenbogen". Wie im letzten Jahr!" Ich erinnerte mich: Am 1. April letzten Jahres war es so warm, daß wir unsere Pullover in den Fischkörben verstaut hatten und in Hemdsärmeln fischten.

Kein Happy-End

Malte erklomm das gegenüberliegende Ufer, hangelte an der glitschigen Böschung hoch („wirf mir wenigstens die Autoschlüssel rüber, bevor Du absäufst!"), lehnte sich mit der linken Schulter an einen überhängenden Baum und warf in die über Steine brausende Strömung. Plötzlich schrie er: „Da! Da ist sie!" Im selben Augenblick schoß eine Regenbogenforelle von wenigstens zwei Pfund aus dem Wasser, sauste auf das gegenüberliegende Ufer zu, machte kehrt, sprang wieder und schoß auf Malte zu. „Wenn ich die nicht kriege", schrie Malte in äußerster Erregung, „stürze ich mich ins Wasser!"

Die Forelle hörte es, machte eine kurze Wende, sprang erneut und fiel ins Wasser zurück - ohne Köder im Maul. Im selben Moment gab der morsche Baum, an dem Malte lehnte, nach. Malte schwebte einen Augenblick über dem Abgrund und folgte dem Baum dann kopfüber nach. „Mein Gott", dachte ich, „er macht es tatsächlich wahr!"

Von Malte tauchte erst der Hut und dann er selbst auf. Den Hut fing ich in einer halsbrecherischen Prozedur mit dem Kescher und einem - allerdings nur sehr leisen - „Petri Heil" am Ende des Kolkes ein. Malte robbte derweil in Walroßmanier und unter Ausstoßen von Worten, die der Anstand zu drucken verbietet, auf eine Sandbank neben dem Kolk.

Sicher, verehrte Leser, haben Sie jetzt noch etwas erwartet, das man im Film als das berühmte „Happy-End" bezeichnet. Es hätte ja beispielsweise die Sonne durch den wolkenverhangenen Himmel dringen können, die Temperaturen wären schlagartig angestiegen, wir - als perfekte Angler - hätten natürlich einen kompletten Satz Klamotten zum Wechseln im Auto gehabt und - plötzlich hätten auch die Forellen gebissen. Worauf wir, mit von Wetter und

Anstrengung gezeichneten Gesichtern, unsere Beute gegen die untergehende Abendsonne zum Wagen getragen - und natürlich wie die Helden dagestanden hätten.

Ich muß Sie leider enttäuschen.

Totaler Reinfall

Der Regen prasselte weiter, von der Sonne keine Spur, wir hatten zum Anziehen nur das dabei, war wir anhatten (und das war pitschnaß) und die Hoffnung, daß die Forellen plötzlich zu beißen beginnen, wurde verdrängt von der Sorge, wir könnten uns unsere „Büroseelen" bis ins Mark verkühlt haben. Geschlagen und durchnäßt zogen wir also nach Haus, brieten die zum Picknick vorgesehenen Steaks konventionell in der Pfanne und tranken anstatt des aufgrund der Temperaturerwartungen mitgeführten Bieres heißen Grog, derweil der Regen vor dem Fenster in unverminderter Stärke prasselte. Nach dem dritten Grog war unser moralisches Gleichgewicht weitgehend wieder hergestellt. „Es gibt Tage", so sinnierte ich in meinen vierten Grog hinein, „die sind ein totaler Reinfall!" „Das kann ich nur bestätigen", nickte Malte und grinste: „Übrigens, was machst Du am 1. Mai?" Mit der rechten Hand deutete ich die Bewegung eines Wurfes mit der Spinnrute an: „Die gleiche Prozedur wie jedes Jahr!" „Abgemacht", nickte Malte.

Am 1. Mai eines jeden Jahres, das sollte der Leser wissen, geht in meinem Verein der Hecht auf ...

Michael Schöpe

Das Wettangeln

2 00 Barsche an einem Tag", wiederholte ich und tauschte mit Dieter fragende Blicke aus. War Herbert etwa am Sonntagmorgen schon betrunken? Wir saßen am Stammtisch unserer Vereinsgaststätte. Doch Herbert, ein ausgesprochenes Schlitzohr, wirkte nüchtern. „Was ist nun", fragte er herausfordernd, „geht Ihr auf meine Wette ein oder nicht? Wie gesagt: Ich werde 200 Barsche in unserem See fangen. An einem Tag. Wenn es nicht klappt, suche ich Euch eine Saison lang die Tauwürmer. Sonst müßt Ihr für mich kriechen."

Dieter nickte mir zu. „Also gut", sagte ich, „die Wette gilt!" Worauf Herbert ein penetrantes Grinsen aufsetzte, wie es der Dallas-Fiesling J.R. zu tun pflegt, wenn er jemanden übers Ohr gehauen hat. Dabei war seine Wette wirklich aussichtslos. Mehr als 25 Barsche am Tag gab unser Vereinsgewässer, der kleine Baggersee am Stadtrand, einem einzelnen Angler nicht her. Gerade das war es, was mich verunsicherte: Herberts Selbstsicherheit einerseits, die Aussichtslosigkeit seiner Wette andererseits. „Ob der uns nicht reinlegen will?", flüsterte ich, über den Tisch gebeugt, Dieter ins Ohr. „Irgendein Trick muß ja dabei sein", raunte mein Freund zurück. Herbert schien zu ahnen, wovon wir sprachen. „Ihr könnt mich ja bei der Barschjagd begleiten", bot er an. „Das werden wir auch tun", entgegnete Dieter. „Und wann willst Du gehen?" „Am nächsten Samstag", antwortete Herbert. „Ich werde es beim Steg versuchen." Dieter und ich sahen uns erstaunt an. Herbert und angeln an einem Samstag - das war neu. Normalerweise konnten ihn, den begeisterten Fußballfan, samstags keine zehn Pferde vom Radio schleppen. Die Live-Reportagen aus den Stadien waren Herberts Steckenpferd. Hatte sein Lieblingsverein Bayern München etwa spielfrei am kommenden Wochenende? Uns sollte es egal sein.

Nun kam die Zeit, da sich der „Stammtisch für Jäger, Fischer und andere Lügner" seinen Namen verdiente: Alte Fänge wurden größer, Rotaugendrills zu Drachenkämpfen und der berüchtigte, nur durch sein Rauben bekannte „Steghecht" zum kinderfressenden Krokodil. Es war 12.30 Uhr, als wir zum letzten Mal anstießen und die Gläser leerten. Dann machten wir uns auf den Heimweg. Ein frommer Wunsch, den der Wirt augenzwinkernd geäußert hatte, begleitete uns: „Hoffentlich funkt Euch am Samstag kein Tierschützer dazwischen. Denn eine Wette und ein Angeln - das würden die glatt als Wettangeln bewerten ..."

Die neue Arbeitswoche ging nur schleppend vorüber. Doch als der Samstag da war, erschien sie im Rückblick kurzweilig. Es war noch dunkel, als Dieter und ich beim Steg ankamen. Unser Wettpartner war noch nicht da. Also legten wir unsere Grundruten am Steg entlang mit Tauwurm aus und harrten der Fische, die da kommen sollten. Lange mußten wir nicht warten. Bei Dieter biß bald ein schöner Aal; ich hatte mich mit zwei Kaulbarschen zu begnügen. Allmählich wurde es Tag.

Doch wo blieb Herbert? Hatte er verschlafen? Oder drückte er sich sogar? Nicht im geringsten. Gegen 8.00 Uhr, mit den ersten Morgenspaziergängern, tauchte er seelenruhig auf. „Nanu, Ihr seid schon da?", begrüßte er uns mit gespielter Verwunderung. „Ich habe lieber ausgeschlafen. Warum auch nicht. Meine Wette gewinne ich ja sowieso." Nun wuchs unsere Spannung auf ein Höchstmaß: Welche sensationelle Methode würde Herbert verwenden, um 200 Barsche zu fangen? Wir konnten es kaum glauben: Er montierte zwei tote Heringe, beide über 30 cm lang. „Herbert, fühlst Du Dich auch ganz wohl?", fragte ich vorsichtig. „Mir geht es bestens", versicherte er. „Zweihundert Barsche, die Wette gilt nach wie vor."

Es wurde ein schöner Tag, sonnig und windstill. Dieter und ich fingen bis zum Nachmittag ganz gut, hauptsächlich Kleinzeug. Und Herbert - der saß steif neben seinen Hechtruten und wartete offenbar vergeblich auf Barschbisse. Nun hatte er seinen Walkman übergestreift und ließ sich anscheinend von Musik berieseln.

Siegesjubel

Dieter und ich hatten indessen Hunger bekommen und machten uns auf den Weg zum nahegelegenen Kiosk. „Herbert muß von Sinnen sein", meinte Dieter unterwegs. „Du hast recht", bestätigte ich. „Das beste wird sein, ich spreche mal mit seiner Frau. Vielleicht sollte er wirklich mal zum Psychiater gehen." Wir waren gerade beim Kiosk angekommen, da hörten wir begeisterte Schreie. Sie drangen vom Wasser her, und die Stimme war uns bestens bekannt. „Herbert muß einen Kapitalen gefangen haben", rief ich aufgeregt zu Dieter. Wir rannten so schnell es ging zurück zum Steg. Herbert hatte die Arme hochgerissen und tanzte im Kreis. Doch wo war der Riesenfisch? „Was ist passiert?", fragte Dieter atemlos. „Ich habe es live gehört", rief Herbert und deutete auf seinen Walkman. „Tor! Tor für Bayern München! Der Siegtreffer in der letzten Spielminute!"

Ernüchtert, mit Hunger und Wut im Bauch und überzeugt, daß

durch den Lärm alle Fische verscheucht waren, angelten wir weiter. Tatsächlich tat sich bis zum Abend nichts mehr. Dann aber wurde es lebendig um den Steg; Tausende von Jungfischen versammelten sich. Plötzlich grinste Herbert überlegen. „So, meine lieben Freunde. Jetzt muß ich ein bißchen was tun, damit ich unsere Wette gewinne." Er baute seine Köderfischsenke auf. Selbstsicher schritt er auf den Steg.

„Der erste Wurf", kommentierte er, als die Senke im Wasser landete. Er wartete einige Minuten; dann zog er. Das Netz war voll mit Köderfischen, Jungbarschen. Herbert schüttete sie in seinen großen Köderfischeimer. Jetzt dämmerte es Dieter und mir! Diese Barsche hatte Herbert also gemeint. Was waren wir doch für Strohköpfe gewesen.

Weitere Würfe brachten Herbert weitere Barsche (waren es schon 200?). Doch plötzlich spritzten die Jungfische aufgeregt auseinander und waren wie vom Gewässerboden verschluckt. Zweifellos, hier war der kapitale „Steghecht" am Werk. Herberts Gesicht wurde länger und länger. Doch plötzlich strahlte er: Der Bißanzeiger seiner Hechtrute hatte Alarm gegeben. Schnell rannte Herbert vom Steg. Der Anhieb saß, seine Rute verwandelte sich in einen Halbkreis. Ein aufgeschrecktes Entenpaar flatterte in die Höhe, die Rollenbremse sang, und Herbert

drillte. Er gab Schnur, er pumpte, er redete seinem Gegenüber gut zu. Langsam bildeten sich Schweißperlen auf seiner Stirn.

Ein U-Boot?

Ich stand ungeduldig mit dem Gaff bereit, doch immer wieder flüchtete der Fisch. „Mensch", stöhnte Herbert, „ich glaube, ich hab´ ein U-Boot gehakt." Womit er nicht ganz Unrecht hatte, denn einige Minuten später konnte er seinen Drillgegner ins flache Wasser zwingen: Das „U-Boot" war ungefähr 25 Pfund schwer, hatte einen Entenschnabel und wurde von mir fachgerecht gegafft und ans Ufer geschleppt. „Der Steghecht, der Steghecht, so ein Riesending", freute sich Herbert immer wieder und tanzte um den Fisch. Sein Freudengeheul war nun noch lauter, als es sein Torjubel gewesen war. Diesmal freuten wir uns mit ihm.

Es war schon dunkel, als wir im Vereinslokal ankamen. Der Wirt verstand nicht, warum wir alle strahlten. Nun ließ Herbert die Katze aus dem Sack. Genaugenommen war die Katze ein riesiger Hecht und der Sack eine riesige Plastiktüte. Der Wirt staunte nicht schlecht. „Ein toller Fisch", sagte er und klopfte Herbert anerkennend auf die Schulter. „Doch was ist mit Eurer Wette? Wer hat sie gewonnen?"

Ja, die Wette. Wir hatten sie ganz vergessen. Und doch waren Dieter und ich uns einig: „Wir haben sie gewonnen!" „Seid Ihr da so sicher?", fragte Herbert verschmitzt. „Wir zählen am besten meine Barsche." So folgten wir ihm zu seinem Auto. Der Köderfischeimer, durch eine Pumpe mit Sauerstoff versorgt, war schwarz von Jungbarschen. Er warf sie der Reihe nach in den kleinen Weiher des Wirts: „1, 2, 3 ... 190, 191, 192" - Herbert hörte auf zu zählen, denn es war der letzte Fisch. „200 hatten wir gesagt", erinnerte ich. „Wir freuen uns auf eine Aalsaison mit Deinen Tauwürmern", ergänzte Dieter neckend.

Wenn Sie, liebe Leser, jetzt glauben, wir hätten die Wette gewonnen - Irrtum. Warum? Nun, Herbert nahm einige Minuten später seinen Hecht aus. Und raten Sie mal, was sich im Magen befand: 11 Jungbarsche, „indirekte, natürlich einkalkulierte Fänge", wie unser Wettpartner grinsend betonte. Doch der Hecht hatte Herbert großzügig gestimmt. „192 und 11 ergibt zwar 203, doch will ich Gnade vor Recht ergehen lassen. Darum verzichte ich auf Eure Tauwürmer. Zumal Ihr ja mit Eurem eigenen Wurm genug zu schaffen habt." Wir sahen Herbert fragend an. Da ergänzte er: „Na mit dem Wurm eben, der bei Euch drin ist, wenn es um das logische Denken geht ..."

Martin Wehrle

Ein dufter Abend

Unser See liegt bei Hamburg, ist aber trotzdem ganz ordentlich. Aus seinem Namen geht hervor, daß die Einheimischen ihn offenbar für ziemlich groß halten; das dürfen Sie aber keinem Süddeutschen erzählen. Hier im Norden heißen hundertmeterhohe Häufchen ja auch schon „Berg".

Auf diesem See machten Robert und ich uns eines wirklich wundervollen Sommerabends an die Karpfen. Ganz dicht an die Seerosen ließen wir das Boot gleiten, dorthin, wo das Wasser kaum tiefer als einen Meter war.

"Das hält bombensicher"

Gerade wollte ich einen der beiden Ankersteine über Bord gehen lassen, da hielt mich Robert an: „Warte mal." Er rammte eines der beiden Ruder senkrecht in den Grund und wickelte es mit einem der Ankertaue am Boot fest. „Das hält bombensicher." Ich tat das gleiche mit dem anderen Ruder, und weil unser Boot ein wenig schaukelte, tanzten kleine Wellen über das Wasser. Ein totes Rotauge in den Seerosen wippte auf und ab.

Während ich meine Posenruten montierte, schaufelte Robert mit vollen Händen Mais ins Wasser. „Das wird den Karpfen schmecken", lachte er. „Rotaugen gibt´s hier auch", ergänzte ich und deutete mit einem Kopfnicken auf die Seerosen.

Und tatsächlich: Während die Sonne immer roter wurde und zwischen den Baumwipfeln zerfloß, kamen die Rotaugen an unseren Platz. Fünf, sechs harte Maiskörner auf dem kräftigen Vorfach konnten die Silberlinge nicht schrecken; der Sommer schien sie übermütig zu machen.

Und die Fische hatten Kraft. Jedes Rotauge kämpfte wie ein kleiner Karpfen und schoß davon, wenn man es dem Wasser zurückgab. „Herrlich, nicht?", sagte ich zu Robert und atmete tief die Waldluft.

"Immer wenn eine leichte Brise weht"

Mit feuchten Händen griff ich in den Eimer mit Mais, um den Haken neu zu beködern. Eine Handvoll hielt ich mir unter die Nase und schnupperte daran. Der Mais war okay.

„Sag mal", fragte ich Robert, „hast du vielleicht irgendwas unter den Schuhen?"

Er schaute nach. „Nein, wieso?"

„Hier riecht´s irgendwie komisch. Habe ich vorhin schon gedacht. Findest du nicht?"

Er schnupperte. „Nein ... obwohl, so ganz leicht ..."

Der Geruch war nicht ständig da, sondern kam fahnenweise. „Ich glaube, es kommt aus deiner Richtung", sagte ich. „Immer wenn so eine leichte Brise weht."

Wir angelten weiter, und ich wartete, daß meine Nase sich daran gewöhnen und den Geruch nicht mehr wahrnehmen würde. „Die Nase ist das Sinnesorgan, das am schnellsten adaptiert", gab ich zum Besten und lächelte. Ich dachte an meine Schulzeit, an den Biolehrer, von dem ich das gelernt hatte, an meine damalige Sitznachbarin, und meine Gedanken schweiften davon.

Mein Blick blieb in den Seerosen hängen. „Woran dieses Rotauge wohl gestorben sein mag?", fragte ich. Dem armen Fischlein fehlte das Auge, es sah reichlich blaß aus und die Flossen waren arg ausgefranst.

Und wir philosophierten in den Abend hinein, über Fischreiher und Hechte, über das Leben und über uns.

Griff zum Kescher

"Mensch", sagte Robert, während meine Pose gerade abtauchte, „jetzt riecht´s aber wirklich penetrant."

„Du hast recht", sagte ich und betrachtete das silberne Rotauge in meiner Hand. Mir dämmerte etwas. Mein Blick schoß zu den Seerosen. „Der Fisch!"

„Was?", erwiderte Robert.

„Der Fisch. Der Fisch stinkt so!"

„Welcher Fisch?"

„Da! Dieses eklige tote Rotauge."

Robert sah hin. „Verdammt."

Der Geruch wurde tatsächlich immer widerlicher, und unsere Nasen dachten gar nicht ans Adaptieren. „Sollen wir die Stelle wechseln?", schlug ich vor.

„Bist du verrückt?", knurrte Robert. „Wir haben kiloweise Mais reingefeuert, die Fische sind da, und du willst weg?"

„Dann mach was", knurrte ich zurück. „Das ist ja nicht zum Aushalten."

Robert griff zum Kescher. Ich schaute ihn groß an. „Hast du sie noch alle? Laß meinen Kescher los. Den Gestank kriegt man nie wieder raus aus dem Netz."

„Nun warte doch erstmal." Er packte den Kescherstiel am oberen Ende und stocherte mit dem Griff nach dem Fisch. „Igitt", fuhr ich ihn an, „du glaubst doch nicht, daß ich dir nachher auch nur einen Fisch keschere?" Robert wurde sauer. „Dann denk dir selbst was aus." Er angelte weiter.

Zähne zusammenbeißen

Die einfachsten Ideen sind immer die besten. „He", sagte ich, „ich hab´s. Wir nehmen ein Ruder und schleudern ihn damit weg." Meine Hand tastete an der Bordwand entlang. „Blödmann", sagte Robert. Die beiden Ruder standen wie Pfeiler im Wasser, fest umschlungen von den Ankertauen.

Das Boot schaukelte ein wenig, wieder wippte das tote Rotauge in den kleinen Wellen auf und ab, und der Gestank wurde immer widerlicher. Ich mußte lachen. Robert nicht. „He", frohlockte ich, „Picknick-Zeit. Wie wär´s mit ´ner Stulle?" Ich bekam keine Antwort.

Manchmal muß man eben die Zähne zusammenbeißen. Was ein echter Indianer ist, der hält ein bißchen Gestank aus. Erst recht, wenn bald die Karpfen kommen.

„Aber echt. Wie kann ein kleiner Fisch nur so stinken?", fragte ich, um Robert ein wenig zu besänftigen. „Kannst du laut sagen", brummte Robert. Es wurde immer dunkler. „Und die Scheißkarpfen lassen sich auch nicht blicken." Ungeduldig fummelte er einem Rotauge den Haken aus dem Maul. Warf aus und starrte auf seine Pose.

"Wo sind wir denn hier?"

Plötzlich sprang er auf. „Jetzt reicht´s mir mit dem Gestank. Wo sind wir denn hier!" Irgendwo im Wald rief ein Kuckuck. Robert zerrte eine kleine Teleskoprute aus dem Futteral und knotete einen Blinker mit einem riesigen, rostigen Drilling an die Schnur.

Gar nicht so blöd, dachte ich. Robert konnte schon immer gut werfen. Beim ersten und beim zweiten Wurf erwischte er zwar nur Seerosen-Blätter, beim dritten verfing sich der Haken irgendwie hinter dem Kiemendeckel. Ganz sachte drillte Robert den toten Fisch heran. „Und dieser Stinkfisch wird jetzt mit Schmackes bis nach Timbuktu gefeuert, das kannst du mir..."

Was jetzt passierte, geschah in Zeitlupe. Zuerst kam eine Welle von unten auf Roberts Blinker zu. Dann durchbrach ein gewaltiges Etwas das Wasser und zeigte hunderttausend Zähne. Und Millionen großer und kleiner Tropfen stoben in alle Richtungen. Roberts Rute wurde krumm. Roberts Rute wurde wieder gerade. Das Loch im Wasser schloß sich, und das Etwas verschwand mit dem Rotauge in die Tiefe. Dann hob Robert seinen Blinker mit de riesigen, rostigen Drilling aus dem Wasser. Und dann kam mit einem leisen „Pop!" das tote Rotauge wieder an die Oberfläche.

Bis nach Timbuktu

Und dann öffneten sich meine Lippen, und Millionen von winzigen Tröpfchen stoben hinaus, meine Augen kniffen sich zusammen, und ich lachte aus voller Kehle. Und Roberts Augen wurden immer größer. Ich glaube, er hätte jetzt am liebsten zugepackt. Und mich mit Schmackes durch die Luft gewirbelt, wie das die lustigen Gallier in den Comics immer tun. Und dann losgelassen und mich zum Mond geschleudert.

Na ja, zumindest bis nach Timbuktu.

Tobias Zick

Geheimnis im Moor

Sag mal, was hältst du denn vom Moorsee?" Mein Kollege Frank durchbohrt mich mit Blicken. Verdammt! Seine Frage ist ein Treffer, ein Schuß ins Herz! Eigentlich müßte ich straucheln. Doch das Geheimnis gibt mir Kraft, und ich verziehe keine Miene. „Soll da gute Welse und Aale geben", hakt mein Kollege nach.

Um ehrlich zu sein: Der See ist eine Perle! Eine Aalnacht, und meine Räuchertonne ist voll bis zum Rand! Eine Saison, und Welse bis 50 und Zander bis 15 Pfund stehen in meinem Fangbuch! Doch all das will ich Frank, dem größten Plappermaul des Vereins, nicht auf die Lippen binden.

Aber sein Blick hält mich fest. Ich wünsche mir, daß seine Hechtpose, die vor ihm im Vereinsteich dümpelt, jetzt mit einem lauten „Plopp" verschwindet. Sein Blick würde aufs Wasser gerissen, seine Frage wäre vergessen.

Doch die Pose ploppt nicht. Und mein Schweigen versprüht eine Witterung, die in Franks feine Nase steigt. Er wägt sich auf der richtigen Spur, das lese ich aus seinem Gesicht.

Die Seuchen-Lüge

„Ja nun, der Moorsee", hole ich weit aus, um Zeit für die zweite Satzhälfte zu schinden, „ja nun, mit dem ist, um es kurz zu sagen, nicht mehr viel los. Seit der Fischseuche dort."

Die Seuche ist frei erfunden. Doch schon das Wort genügt, um die Seifenblase eines Anglertraums zu zerstechen. „Außerdem stinkt das Wasser wie ein Öltank", lüge ich weiter. „Du hast bestimmt von der Ölkatastrophe im 'Lokal-Anzeiger' gelesen!"

Frank starrt mich mit großen Augen an. So schauen Moorsee-Zander in die Taschenlampe. Kein Wort hat er von diesen „Katastrophen" gewußt. Aber wer gibt schon zu, daß er keine Zeitung liest? Also murmelt er: „Ja, ja, das Fischsterben, das war schon schlimm. Und erst die Ölkatastrophe! Ja, ja, ein Jammer! Den See kann man tatsächlich vergessen."

Er hat den Köder geschluckt. Und ein Plappermaul wie er wird ihn ausspucken und weiterreichen an alle möglichen Kollegen. Und zwar solange, male ich mir genießerisch aus, bis keiner mehr am Moorsee angelt. Außer mir! Aber bei Nacht, damit mich keiner sieht; bei Nacht, wenn die Aale, Welse und Zander beißen.

Schock vorm Kiosk

Nach drei Wochen Urlaub im Ausland - mit Frau, ohne Fisch - komme ich ausgehungert nach Hause. Heute abend, ihr Moorsee-Aale, heben die Glöckchen meiner Aalruten zum Klinge-linge-ling an! Heute abend, ihr Welse und Zander, habt ihr Landgang!

Mit quietschenden Reifen starte ich zum Kiosk, wo ich schon nachmittags die Tageskarte kaufen muß; leider gibt es keine Monats- und Jahreskarten.

Doch da! Im Fenster des Kiosks steht eine Schiefertafel, mit dicker weißer Kreide beschrieben. Dort steht: „Angeln ab sofort verboten. Keine Karten mehr."

Mir wird schwarz vor Augen, ich schnappe nach Luft wie eine Bachforelle bei 30 Grad Wassertemperatur. „Was hat denn das zu bedeuten?", stammle ich in die Ohren des Kiosk-Besitzers. Alarmiert durch mein schneeweißes Gesicht ist er hinzugesprungen, um mich vor dem Sturz in eine Ohnmacht zu bewahren. „Das heißt, was es heißt", antwortet er: „Hier darf nicht mehr geangelt werden."

- „Aber warum denn auf einmal?"

- „Na wegen der Fisch-Seuche. Und der Öl-Katastrophe. Da reden jetzt alle davon. Sie lesen wohl keine Zeitung!"

Martin Wehrle

Von Verwandten
_ _ _ _und Passanten_ _ _ _ _

Hat man im normalen Leben schon Probleme genug mit den lieben
Verwandten, dann hat man sie als Angler doppelt. Auch oder gerade
weil Angler die meiste Zeit nicht zuhause sind.
Doch kaum sind sie ihren Verwandten entkommen, so treffen sie am
Wasser auf Menschen, die noch um ein Vielfaches neugieriger sind,
die gar nicht so harmlosen Passanten. Doch aufgepaßt: Mancher
ungebetene Zuschauer wurde dabei schon zum Angler.

_ _ _ _ _ _ _ _ _ _ _ _ _ _ _ _ _ _ _

Die Jungs auf der Brücke

Letzten Sommer, als ich am Ufer eines schmalen Flusses entlang
schlenderte, ich wollte nicht angeln, nur die liebliche Landschaft
genießen, wurde ich in ein kleines Drama verwickelt. Eine Brücke aus
Backstein wölbte sich über einen mäßig tiefen Kolk. Zwei kleine
Jungs, über dem niedrigen Gelände hängend, starrten hinab in das
klare Wasser. Einer von ihnen deutete in die Tiefe, aber keiner sprach.
So versunken waren sie in ihre Aufmerksamkeit, sie bemerkten mich
nicht, wie ich langsam das buschige Ufer entlang ging und auf die
Brücke, wo ich mich leise neben sie stellte und ins Wasser spähte.

Auf der Stelle bemerkten sie meinen Schatten und wandten sich
mir hastig zu, offensichtlich überrascht und ein wenig erschreckt
durch mein uner-wartetes Erscheinen. „Sehr ihr etwas?", fragte ich. Es
entstand eine kleine Pause, dann, offensichtlich beruhigt, sagte einer
von ihnen: „Gucken Sie!"

Ich erwartete eine gigantische Forelle zu sehen oder vielleicht gar
einen Lachs. Aber zunächst sah ich gar nichts, allein die Wirbel der
Strömung, wie sie unser Spiegelbild bewegten, tief unten in einer
grünlichen Höhlung übersät mit goldenen Kieseln und gesäumt von
schwingenden Pflanzen. Nach einer Weile erhaschte ich einen schlan-
ken Blitz, als ein kleiner Fisch über den Grund huschte. Einmal
erkannt war es leicht, ihm zu folgen, wie er trieb und tanzte in der

Strömung, um schließlich zu wenden und unter der Brücke zu verschwinden. War es das, fragte ich mich und blickte zur Seite, um zu sehen, wie die Jungen reagierten. Nein, sie blieben unbewegt. Aber dann weiteten sich ihre Augen übergroß. „Da!" zischten sie.

Ein dunkel gefärbter Fisch, ungefähr 30 cm lang, stieg empor aus dem Schatten unter uns. Er bewegte sich graziös stromauf, schwebte dann im Mittelwasser mit ruhig wedelndem Schwanz, die Brustflossen sanft zitternd, und die lange Rückenflosse gespannt wie ein Segel im Wind. Die beiden Jungs lehnten sich weit über das Geländer, wie gezogen von einer unwiderstehlichen Macht, daß ich schon fürchtete, sie würden hinabstürzen.

„Was für ein Fisch!", sagte einer. „Was für ein Riese!", sagte der andere.

Es war eine hübsche Kreidefluß-Äsche von völlig durchschnittlicher Größe - über diese Sorte hätten die Jungs aus dem Dorf die Nase gerümpft. Aber diese beiden, die offensichtlich nicht von hier stammten, hatten nie zuvor in ihrem Leben ein so erstaunliches Wesen gesehen. Sie waren, wie ich erfuhr, Großstädter auf Urlaub, deren Kenntnisse von der Natur sich auf Bücher beschränkten, auf das Fernsehen oder auf den Zoo. Sie wußten nichts über das Leben in einem Fluß, noch hatten sie bisher die geringste Neigung zu Fischen oder zum Angeln. Doch jetzt, durch eine zufällige Begegnung, glühten sie vor Begeisterung über einen Fisch, von dem sie vorher nie gehört hatten und der plötzlich für sie zum faszinierendsten Geschöpf auf Erden geworden war.

Weit weg vom Aufruhr, dem Mittelmaß und der Blutleere der Stadt bewies dieser kleine Bach, wieviel bezaubernder die natürliche Welt war, als sie sich je hätten träumen lassen. Obendrein, da sie wirklich war, schien sie packender als jedes Fernsehen, denn im Fernsehen, erklärten sie, wüßte man nie, was echt ist und was nicht.

Als sie durch ein neues, geheimnisvolles Fenster blickten, entdeckten sie die Äsche. Und nun, aus irgendeinem unerklärlichen Grund schien es zwangsläufig, daß sie lernten, durch das Fenster zu greifen und Verbindung aufzunehmen mit dem Wesen, das sie aufgespürt hatten. Es war einfach unvermeidlich: Die Jungs auf der Brücke mußten zu Anglern werden.

Ich wußte, was sie fühlten, weil mir in ihrem Alter etwas ganz Ähnliches zugestoßen war. Meine glückliche, normale und fischlose Kindheit wurde plötzlich ganz und gar auf den Kopf gestellt durch den Anblick eines zauberhaften Fisches in einem Dorfteich. Es war ein

„riesiger" goldschuppiger Karpfen, und sein Bild grub sich unauslöschlich in meine Seele, eroberte meine Träume und wurde nahezu ein Gott. So verwandelte es mich in einen Angler.

Die Äsche verschwand schließlich unter der Brücke, und die beiden Jungen traten glücklich über die Wiese, den Kopf gefüllt mit Träumen von Fischen und Flüssen. Ein wenig beneidete ich sie. Was ihnen auch geschehen mochte, sie würden wohl leidenschaftliche, unheilbare Angler werden. Lange bevor sie das geringste gefangen hatten, waren sie selbst gefangen, einzig und allein durch den Anblick eines Fisches.

Chris Yates

Mit freundlicher Genehmigung des Autors aus dem Buch „The Deepening Pool", Verlag Unwin Hyman, London.
Aus dem Englischen übertragen von Karl Koch

Späte Bekehrung

Letztes Frühjahr war es. Ich saß am Ufer dieses herrlichen Lachsflusses, die Angelrute an zwei Felsen gelehnt. Vor mir donnerte das weiße Wasser vom flußauf gelegenen Wasserfall vorbei, und über dem Lärm hörte ich nicht, wie sich mir von hinten ein Mann näherte. Aber wie das so ist, man verspürt so ein seltsames Gefühl im Nacken, wenn einen einer von hinten beobachtet. Also drehte ich den Kopf, und da war er.

Es war einer dieser klaren kalten Tage mit blauem Himmel und strahlendem Sonnenschein, der auf dem Wasser tanzte, das sich vor mir auffächerte, um der nächsten Stromschnelle zuzustreben. Ich kniff meine Augen gegen das gleißende Licht zusammen, um ihn besser zu erkennen und sagte: „Guten Morgen!". „Morgen", sagte er. Dann betrachtete er meine Angel und das Wasser und kam näher. Er setzte sich neben mich, den Spazierstock zwischen den Knien.

„Nichts für mich"

Er war kein Jüngling mehr. Ich konnte graues Haar unter seinem Tweedhut hervorschimmern sehen, und in seinem kantigen Gesicht hatten die Jahre ihre Spuren hinterlassen.

„Schon was gefangen?" fragte er.

Ich schüttelte den Kopf.

„Ich habe sowas noch nie gemacht. Angeln meine ich."

„Noch nie?"

„Ich hab´ nie die Zeit gehabt. Und auch nicht die Geduld, glaube ich." Er seufzte. „Machen Sie das schon lange?"

„Heute?"

„Nein. Überhaupt, meine ich." „Seit Jahren. Seit ich ein kleiner Junge war."

„Es ist eine komische Art von Sport."

„Komisch?"

„Naja, wenn Sie verstehen, was ich meine. Ich habe schon einigen Anglern zugeschaut, Stunde um Stunde und kein Biß. Ich fürchte, das wäre nichts für mich. Ich kann´s einfach nicht begreifen."

„Jeder nach seinem Geschmack", sagte ich.

„Stimmt."

„Leben Sie hier?"

„Nein", sagte er. „Ich bin nur etwa eine Woche hier mit meiner Frau. Ich bin pensioniert und möchte mich hier in der Gegend niederlassen. Ich dachte mir, ich mache heute mal einen Spaziergang am Fluß entlang."

„Und Sie haben noch nie geangelt?"

„Nein, nie."

„Mhm."

„Wie lange angeln Sie heute schon?"

„Den ganzen Morgen."

„Den ganzen Morgen?" Er schaute mich an mit einer Mischung aus Neugier und Mitleid. „Und kein Fisch?"

„Nicht einer." Ich fing an, mich ein wenig gereizt zu fühlen.

Diese Gespräche mit Nichtanglern irritieren mich immer: Als wenn ich mich für etwas entschuldigen müßte. Es kann sein, daß meine Stimme schroff klang, als ich sagte: „Leute wie Sie kann ich nicht verstehen, - ein Leben lang nicht mal den Versuch zu machen zu angeln. Nicht mal als Kind von der Hafenmole aus."

„Stimmt, nicht mal das habe ich gemacht. Aber ich denke, ich habe nichts verpaßt."

„Und ob sie was verpaßt haben, mein Freund."

„Das sagen Sie."

„Mal probieren"

Plötzlich fühlte ich mich in Geberlaune. „Probieren Sie´s doch einfach mal." Ich deutete auf meine Angelrute.

Er grinste. „Was probieren?"

„Angeln. Mit meiner Rute."

103

„Aber ich habe keine Stiefel an." Er betrachtete seine Füße.
„Brauchen Sie nicht. Nicht hier. Bleiben Sie am Rand. Warten Sie, ich
zeig´s Ihnen." Ich rappelte mich auf, nahm meine Rute und hakte die
Lachsfliege aus. Dann zog ich ein paar Meter Schnur ab und machte
einen Wurf in die Strömung. „So geht das. Da ist nichts dabei. Lassen
Sie die Fliege mit der Strömung abtreiben. Holen Sie sie ein und dann
das Ganze noch mal von vorn."

Der Mann nahm zögernd meine Rute, und ich ging ein paar
Schritte seitwärts, damit ich keine Fliege ins Ohr bekam. Sein erster
Wurf war schauerlich. Ich sah die Schnur über das Wasser trudeln wie
ein loses Tau-Ende und sagte: „Nochmal. Lassen Sie die Rute arbeiten.
Und halten Sie Ihren Unterarm steif."

Sein zweiter Wurf war besser, - zumindest landete die Fliege in der
Rausche. Sie verschwand in dem weißen Schaum und mir standen
plötzlich die Haare zu Berge. Ich sah, wie er die Rute hochielt und
hörte ihn rufen: „Ich hänge irgendwo fest." Mein Mund war trocken:
„Nein." Ich fühlte mich schwach vor Aufregung. „Nein, Sie haben keinen Hänger."

Ich sah, wie die Rutenspitze zuckte und wußte, er hatte einen
Lachs gehakt. Meine Stimme klang rauh: „Halten Sie die Rute hoch!
Hoch damit!"

„Was ist los?" schrie er nervös, „was ist passiert?"

„Reden Sie nicht. Pressen Sie den Rutengriff in die Hüfte und
geben Sie Schnur. Versuchen Sie ja nicht einzukurbeln, bevor ich es
Ihnen sage."

Der Drill dauerte volle zehn Minuten. Er tat alles, was ich ihm
sagte: Hielt die Schnur straff, ließ die Rolle kreischen, pumpte den
Fisch heran, ließ ich wieder laufen, bis ich endlich im flachen Wasser
meinen Kescher unter den weißen Bauch des Fisches schieben konnte. Es war ein Lachs von elf Pfund. Ich wog ihn auf meiner Zugwaage.
Wir setzten uns ans Ufer, den Fisch zwischen unseren Füßen und sagten eine Weile gar nichts. Seine Schuhe, seine Socken, seine
Hosenbeine waren tropfnaß und sein Gesicht gerötet vom Triumph.

Ich goß Kaffee aus meiner Thermosflasche in den Becher.

„Das hätten Sie schon vor 50 Jahren tun sollen."

Er lachte. „Wo ist der nächste Angelgeräteladen?"

Roderick Wilkinson
aus dem Englischen übertragen
von Richard Lütticken

Experten in meinem Rücken

Stellen Sie sich vor, es setzt sich ein wildfremder Mann in Ihr Auto, dreht ein bißchen am Lenkrad und fragt mit lebhaftem Interesse: „Ist ein ziemlich schneller Flitzer, was?"

Sie wären sprachlos.

Oder eine andere Situation. Im Supermarkt greift sich plötzlich ein Muttchen Ihre Einkaufstasche, wühlt darin herum und fragt: „Kann man das wirklich alles essen? Was ist denn das da? Das kenne ich nicht."

Ist doch Blödsinn, denken Sie, so was gibt´s nicht im wirklichen Leben. Wenn Sie das so sehen, sind Sie kein Angler. Denn natürlich gibt´s so was, und wie! Interessiert? Gut, dann erzähle ich mal der Reihe nach. Buß- und Bettag. Wir hatten fünf Plätze auf einem Heiligenhafener Kutter gebucht. Jörg, ein Kollege von mir, Nico, unser Praktikant, zwei Freunde von Jörg und meine Unübersehbarkeit. Wir sind drei Stunden vor Abfahrt am Hafen. Aber irgendwas fehlt: Ah, ja - unser Kutter! Nach dreistündiger Suche kenne ich den Hafen wie meine Westentasche. Was nichts daran ändert, daß der Kutter nicht da ist. Alle anderen Kutter sind längst ausgebucht.

Wut und Fieber

Eine Weile beschäftigten wir uns damit, uns gegenseitig im Fluchen zu überbieten. Dann siegt die Angelwut über unser tiefes Verlangen nach einer Kiste Molotow-Cocktails, mit der wir die Reederei besuchen wollten.

Wir hatten in einer Ecke des Hafenbeckens einen Stichlingsschwarm entdeckt, der regelmäßig auseinanderspritzte.

„Barsche." Die Diagnose kommt einstimmig. Dann sagt Nico: „Nee, Flunder!"

„Quatsch."

„Doch, da! Jetzt hab´ ich´s auch gesehen - ´ne Platte!" Jörgs Augen beginnen zu glänzen. Klarer Fall von Angelfieber. Wir packen unsere Ruten aus und montieren um. Damit beginnt ein Tag unsäglicher Leiden.

„Na, schon was gefangen?" schmettert es gutgelaunt hinter uns. Ein älterer Herr mit nicht mehr ganz taufrischem Mädel am Arm.

„Jaja." entgegnen wir freundlich.

„Was denn?"

„Flundern."

„Viele?"

„Geht so."

„Groß?"

„Eher kleine."

„Kann man die essen?"

„Klar, schmecken gut." So geht das weiter. Wir sind sehr nett zu dem älteren Herrn.

Im Nu haben wir eine dichte Traube von Zuschauern um uns herum.

„Na, beißen Sie?"

„Nein, nein, keine Angst. Ich bin ganz friedlich." Allmählich wird es mir zu viel, und mein krankhafter Hang zum Blödeln bricht sich Bahn.

„Hihihihihi..." Die Dame hat wenigstens Sinn für Humor und reagiert auf den ältesten Spruch seit Erfindung der Angel wie beabsichtigt.

Ein Einheimischer belehrt uns: „Hier fangt ihr sowieso nichts, hier wurde schon seit zwanzig Jahren nicht mehr geangelt." Wir haben bereits acht Flundern im Sack.

„Das ist meine Geheimstelle für Pfundbarsche!" verrät uns eine Minute später ein anderer. Der hat sich in den letzten zwei Jahrzehnten aber saugut gehalten, sieht immer noch aus wie Anfang zwanzig!

„Na beißen sie ... was fängt man denn hier ... habt ihr schon was ... auf was denn ..."

Antwort im Chor

Ich begreife allmählich, warum die Tiger im Zoo immer so ein unheimliches Leuchten in den Augen haben.

„Angeln Sie hier?"

„Neee." Die fünfstimmige Antwort kommt wie aus einem Munde. Die Frau starrt uns entgeistert an und faucht: „So was ist mir auch noch nie passiert!" Eine andere Frau schaut mir fast über die Schulter, in dem Moment ruft Jörg: „Micha, steht bei dir was?" Er meint die Stichlinge.

„Nööö, bei mir steht schon lange nichts mehr." Ich meine natürlich auch die Stichlinge. Neben mir murmelt jemand pikiert: „Schweine..." Und wir haben einen Fan weniger.

„Fangen Sie Aale?" Eine Omi will das wissen.

„Jaaa." Es fängt an zu nerven. Die Omi bückt sich, greift nach dem Müllsack mit den Flundern und Aalmuttern und inspiziert unsere Beute.

„Kann man die essen? Die kenne ich nicht, was ist das denn?" „Breitschwanzaale. Schmecken nicht besonders, aber besser als gar nichts." Es gelingt mir, todernst zu bleiben.

„Aha." Omi flüstert Opi ins Ohr: „Siehst du, ich habe doch recht, die angeln Aale."

Dann kommt er. Tritt mir fast auf die Zehen, zeigt auf meine teure Jahresrute und fragt: „Ist das eine Wurfrute?" Noch bevor ich antworten kann, hebt er sie auf, um das gute Teil zu begutachten. Wohlgemerkt: Die Rute war beködert und ausgeworfen, die Schnur gestrafft, damit die Bisse zu erkennen sind. Der Kerl aber nimmt sie einfach.

Zuerst bin ich sprachlos. Dann platzt mir der Kragen. Ich reiße dem Mann die Rute aus den Händen und knurre ihn an, erzähle ihm die Sache mit dem Auto und dem Lenkrad. Er begreift nichts, ist sich überhaupt keiner Schuld bewußt.

Die Heldentat

Dann die Krönung: Ein Dreikäsehoch von vielleicht 12 Jahren baut sich vor mir auf und fragt wichtigtuerisch: „Dürfen Sie hier überhaupt angeln?"

Jetzt platzt mir endgültig der Kragen. Mit dem grimmigsten Ausdruck, in den ich mein Gesicht falten kann, fauche ich ihn an: „Wenn du frech wirst, knalle ich dir eine rein! Verpiß´ dich!" Der Knirps erbleicht und wieselt artig davon. Tolle Heldentat von mir. Aber vielleicht versteht ja der eine oder andere, weshalb ich mal kurz den Dampf rauslassen mußte.

Doch eigentlich habe ich ein schlechtes Gewissen. Ist es denn nicht beinahe unglaublich, wie interessiert und positiv die meisten Leute zum Angeln stehen? Okay, das nächste Mal reiße ich mich zusammen und bin ganz lieb.

Dann werde ich der Rotznase väterlich über den Kopf streichen und ihm meinen Fischereischein zeigen. Aber eine ganz leichte Kopfnuß kriegt er doch, so!

Nachts auf der Brücke

„Geh' nicht ohne Gaspistole", hatte mich Wulf gewarnt. Dabei wollte ich keine Bank ausrauben, sondern nur die Alster um einige Quappen erleichtern. Sollte es tatsächlich so gefährlich sein, nachts von einer Brücke mitten in Hamburg zu angeln? Sollten tatsächlich, wie Wulf es ausmalte, mich Skinheads verprügeln, Betrunkene anpöbeln und Straßenräuber ausnehmen? Hier bin ich, um es auszuprobieren. Die Brücke ist beleuchtet, wird überquert von Fußgängern, die zur nahen U-Bahn-Station wollen. Schnell sind meine Angeln im Wasser, montiert mit Grundblei und Makrelenfetzen. Unten am Ufer sitzt ein anderer Angler. Er gestikuliert wild in meine Richtung. Seine Arme werfen im Licht der Straßenlaterne lange, gespenstische Schatten. Ich winke zurück: „Petri Heil!" Worauf er, wie von der Tarantel gestochen, die Treppe hinauf jagt. „Hier angle ich", fährt er mich an. Untersetzter Typ, Marke Rausschmeißer, die Schirmmütze weit ins Gesicht gezogen. „Meine Schnüre sind quer durch den Fluß gelegt", fährt er fort. „Ist ja gut", beschwichtige ich ihn. Und schaukle meine Ruten etwas unter die Brücke. Mißmutig trampelt er davon.

„Guck mal, Mutti - was macht der Mann dort?" Ein kleines blondes Mädchen schaut, am eigenen Zopf kauend, seine Mutter fragend an. „Der angelt", entgegnet diese, „und er hat auch schon einen Fisch gefangen", fährt sie allwissend fort. Und deutet auf meine schon reichlich zerfledderte Köder-Makrele. Ich lächle, und ich schweige. Warum an der Autorität der Mutter sägen?

Eine Gruppe von Mittzwanzigern schlendert an mir vorbei. Einer von ihnen, offenbar der Witzbold, fragt in der Runde: „Will der etwa Eiszapfen fangen?" - Da keiner lacht, setzt er noch einen drauf: „Mensch, da beißt ja ein Schuh!" Beifallheischend schaut er die anderen an. Jetzt lachen sie artig. Ein älterer Herr, Silberlocke, Anzug, Brille, stellt erfreut fest: „Sie verwenden ja eine Aalglocke!" Ich nicke und bitte ihn, über seine Fachkenntnis Zeugnis abzulegen. „Ich habe auch geangelt. Früher, nach dem Krieg. Jeder Fisch war Nahrung, war Geld. Und was meinen Sie, damals hat man viel mehr gefangen als heute. Und auch viel größere Fische, ohne daß ein Wort in der Zeitung stand..."

Ich lasse ihn in seiner Nostalgie schwelgen, nehme mir aber fest vor, solchen Unsinn im Alter niemals von mir zu geben. Denn die

Fische werden von Jahr zu Jahr größer. Die BLINKER-Hitparade beweist es.

Ein Gruppe kichernder Mädchen überquert die Brücke. Zunächst schüchtern und von mir abgewandt. Doch dann, als sie ein paar Meter „Sicherheitsabstand" haben, ruft eine: „Fischmörder!" Sie ruft es nur, um etwas zu rufen. Und die anderen kichern, einfach des Kicherns wegen.

Der nächste Passant ist ein junger Mann. Kurze schwarze Haare, sympathisches Lausbuben-Grinsen. „Ich habe auch schon geangelt." Verschwörerisch rückt er näher: „Schwarz geangelt. Im Teich des Nachbarn meiner Eltern. Mit einer ganz einfachen Rute und mit Brot. Ich habe toll gefangen, ehrlich." Doch den Angelschein will er nicht machen. Das ist Peter - so heißt er - viel zu aufwendig. Er habe schon mit seiner Ausbildung genug zu schaffen - Bademeister will er werden.

Peter muß weiter. Dafür taucht der Kollege „Rausschmeißer" wieder auf. Er taucht auf wie ein Kind, das etwas ausgefressen hat, und jetzt auf „Schön Wetter" macht. Er schaut meine Ruten an, meine Rollen, erkundigt sich nach meinem Köder. Ob er schon öfter hier geangelt hat, will ich wissen. Und werde von einem Monolog überschüttet: Riesige Quappen habe er hier im Januar gefangen. Bis zu 70 cm lang. Und das in rauhen Mengen...

Er lügt, daß sich die Balken biegen. Oder etwa nicht? Ich stelle die Kontrollfrage: „Dann kennst Du bestimmt meinen Freund Erwin.

Der war im Januar fast jeden Tag hier. Er trägt immer eine gelbe Pudelmütze. " „Freilich kenn ich ihn. Wir waren sogar zusammen ein Bier trinken." Mein Freund Erwin mit der gelben Pudelmütze ist frei erfunden...

Der Kollege geht wieder zu seinen Ruten, ich bewache die meinen. Nicht umsonst: Bis Mitternacht beißen zwei Quappen, um die 40 cm lang. Von Skinheads, Schlägern und anderen kriminellen Elementen ist nichts zu sehen. Dafür sehe ich die „Spätheimkehrer". Ich erkenne die Mädchen wieder, die mich als Mörder beschimpften. Sie werden rot und schauen verlegen zur Seite. Auch den Witzbold erkenne ich wieder. Obwohl er torkelt und lallt. Der Alkohol hat sein Werk getan.

Schließlich kommt auch Peter vorbei, der Bademeister in spe. Er bestaunt meine Quappen. Und er beschließt, wenn er wieder einmal seine Eltern auf dem Lande besucht, an des Nachbarn Teich vorbeizuschauen...

Martin Wehrle

Ein furchtbar netter Tag

An und für sich hasse ich Parties. Man steht herum, hält sich an einem Glas fest, versucht möglichst interessiert auszusehen und redet dabei belangloses Zeug.

Die Musik ist meist wie eine „Allround-Rute": Sie soll allen Ansprüchen gerecht werden - und wird es in Wirklichkeit doch keinem.

Es gibt Dinge, die so unausweichlich wiederkommen wie die jährliche Grippe. Eines davon ist die Geburtstagsparty von Ehrenfried. Diesmal kam sie mir besonders ungelegen, denn seit einer Woche bissen die Karpfen in geradezu selbstmörderischer Weise. Und ich stand elegant wie weiland Roberto Valentino, mit dem zweiten Glas Champus in der Hand und dachte eingedenk des würgenden Hemdkragens melancholisch an meinen alten braunen Rollkragenpullover, meine bequeme Cordhose, meine abgewetzte grüne Angeljacke - und an die selbstmörderischen Karpfen.

„Das ist aber furchtbar nett, daß Sie auch da sind", riß mich eine wohlbekannte Stimme aus meiner melancholischen Betrachtung. Langsam, wie einst Gary Cooper in „12 Uhr Mittags", drehte ich mich auf dem Absatz um (und wieder langte der Hemdkragen unbarmherzig zu) und geriet in den veilchenblauen Blick von Marlene, Ehrenfrieds Gattin.

„Gerade gestern habe ich mich noch mit Ehrenfried über ihr furchtbar interessantes Hobby unterhalten", leitete Marlene die Konversation ein (für Marlene ist alles „furchtbar" interessant, „furchtbar" toll, „furchtbar" aufregend - mir ist rätselhaft, wie sie trotz all dieser Unwägbarkeiten ihr Leben meistert).

„Ach, tatsächlich", sagte ich, betont lässig wie Frank Sinatra, und wieder dachte ich daran, daß heute sicherlich mein persönlicher Karpfenrekord von 20 Pfund gefallen wäre (und wieder schlug der Hemdkragen zu).

„Meinem Ehrenfried würde ein solcher Sport sicher auch guttun", fuhr Marlene fort. „Er ist ja so furchtbar gestreßt!"

„Ja, tatsächlich?", frage ich, betont gelangweilt wie Humphrey Bogart.

„Ja", sagte Marlene, „sein Beruf ist einfach mörderisch (hoppla)."
Ehrenfried wacht, wie ich weiß, mit den kalten Augen eines lauernden Hechtes bei der örtlichen Stadtverwaltung darüber, daß jedermann -

ich eingeschlossen - pünktlich seine Strafmandate für verbotswidriges Parken bezahlt. Fürwahr eine Aufgabe, die einem Mann alles abverlangt!

„Wissen Sie was?" (schüchterner, veilchenblauer Augenaufschlag - auch Rob Redford wäre mit Sicherheit hier in sich zusammengebrochen), „wie wäre es, wenn Sie ihn einfach mal mitnehmen würden?"

Aufbruch

„Aber mit dem größten Vergnügen", nickte ich (ganz vorsichtig wegen des Hemdkragens) - und diesmal ohne Filmvorbild: Weder Gary Cooper, noch Roberto Valentino oder Frank Sinatra waren meines Wissens Angler! Und keiner hat sich jemals, soweit ich weiß, einer solchen Aufgabe gestellt.

Szenenwechsel.

Mich wesentlich besser fühlend in meinem braunen Rollkragenpullover, der Cordhose und meiner abgewetzten Angeljacke, holte ich am kommenden Sonntag um sechs Uhr morgens Ehrenfried zu Haus ab und drückte mit dem entschlossenen Gesichtsausdruck eines John Wayne auf den Klingelknopf. Marlene öffnete.

„Mein Gott, Sie sind ja furchtbar (aha!) pünktlich!"

Ehrenfried war auch schon fertig und kam mir lächelnd entgegen - mit original englischen Breeches, einem dazu passenden Karohemd mit offenem Hemdkragen und dazu abgestimmten braunen Seidenschal. Man hätte ihn, so wie er war, ins Schaufenster stellen können!

„Paß gut auf dich auf, mein Lieber", sagte Marlene mit diesmal besorgtem, nichtsdestoweniger veilchenblauen Augenaufschlag, „es ist entsetzlich (wie?) kalt heute morgen!" Darauf umarmte sie ihn wie eine Frau, die ihren Mann auf eine Amazonas-Expedition entläßt und nicht weiß, ob sie ihn jemals im gegenwärtigen Zustand wiedersehen wird.

Am See angekommen, händigte ich Ehrenfried meine mitgebrachte „Allround-Rute" (gut für alles, taugt für nichts) aus, montierte und beköderte sie mit einer Kartoffel und wies ihm seine Angelstelle an einer großen Kiesbank zu, während ich mich an der Schilfbank - meiner Lieblingsstelle - niederließ.

Es geschah lange Zeit nichts. Ab und an tunkte meine Pose unmerklich, weil ein Weißfisch sich meine Kartoffel zu seinem Frühstück erkoren hatte. Dann war wieder alles ruhig. Bei Ehrenfried passierte das gleiche, bloß bemerkte er es nicht, weil er andauernd damit beschäftigt war, seine Breeches über den Kniestrümpfen zu ordnen.

Nachdem er zwei- bis dreimal einen blitzblank polierten Haken an Land gezogen hatte, lernte er, wie man eine Kartoffel auf einen Karpfenhaken aufzieht, und das Auswerfen gelang ihm nun von Mal zu Mal besser, auch wenn das jedesmal so aussah, als ob sich Boris Becker auf seinen nächsten Aufschlag vorbereitet: Kartoffel in die Hand nehmen - nein, nicht auftippen lassen, wie Sie jetzt sicher erwartet haben - Ausgangsposition, Rute fest in die rechte Hand nehmen, Blick starr auf das Ziel, linker Fuß vor, rechter zurück, nochmals Kartoffel in die Hand nehmen, Rückschwung und ... ab!

Er stellte sich aber, wie ich anerkennen muß, nicht halb so dämlich an, wie ich es eigentlich befürchtet hatte, und ich sah mich genötigt, ihm sogar den einen oder anderen Kniff aus meiner „Trickkiste" zu verraten.

Anbiß

Ich mag noch so ungefähr eine knappe Stunde über das Karpfenangeln im besonderen doziert haben (wobei Ehrenfried als mein dankbarer Zuhörer sogar die eine oder andere intelligente

Zwischenfrage stellte), als Ehrenfrieds Pose plötzlich mit einem Schlag verschwand und die Schnur auszulaufen begann. Wir beide standen daraufhin wie an der Schnur gezogen von unseren Hockern auf.

„Jetzt", kommandierte ich, worauf Ehrenfrieds Rute im gleichen Augenblick gehorsam nach oben federte und sich fast gleichzeitig bedenklich durchbog.

„Sitzt", kommandierte ich trocken den derzeitigen Stand der Dinge. Der Tanz begann.

Der Fisch, ohne Zweifel ein nicht übler Karpfen, ließ sich von Ehrenfrieds Pose (jetzt: Skispringerhaltung, leicht angewinkelte Knie, Blick starr nach vorn, dem Unvermeidlichen ins Auge sehen) wenig beeindrucken.

Im Gegenteil nahm er ihm zunächst ungefähr 50 Meter Schnur von der ächzenden Rolle (hätte ich ihm bloß eine bessere ausgesucht!), drehte dann abrupt bei und kam die 50 Meter im „Carl-Lewis-Tempo" zurück, worauf er wieder beidrehte und erneut ins freie Wasser stürmte, während Ehrenfrieds korrekte Haltung immer mehr schwand, und er schließlich eher die verkrampfte Position eines Anglers einnahm, der es mit einem guten Fisch zu tun hat - was ich im übrigen dankbar vermerkte. Immerhin, er stellte sich wirklich nicht ungeschickt an, auch wenn ich ihm ab und an rauh aber herzlich sagte, was jetzt zu tun sei.

Ehrenfried, auch ohne abgelaufene Parkuhr zum Festhalten in der Nähe, quittierte die Manöver des Karpfens auf meine Anweisungen hin mit einer Präzision, die ich ihm niemals zugetraut hätte.

„Donnerwetter", dachte ich, aber ich sagte es nicht, weil ich an mein letztes Strafmandat denken mußte.

Die Landung des Fisches gestaltete sich ebenfalls unproblematisch, da Ehrenfried wiederum präzise und geschickt agierte: „Noch zwei Meter, noch ein Meter, Mensch, Rutenspitze nach oben, geschafft!"

Der Karpfen lag im Netz und japste genauso wie Ehrenfried, der - in Ermangelung eines Parkverbotsschildes zum Festhalten - auf seinem Hocker zusammengesunken war.

Die Waage zeigte knapp zehn Pfund, exakt das Gewicht, das Ehrenfried in seinem angestrengten Gesicht fehlte.

Ausklang

Ehrenfried war jedenfalls, nachdem er unter Zuhilfenahme eines Cognacs seine ursprüngliche Gesichtsfarbe wiedergewonnen hatte, begeistert, und ich muß gestehen, daß ich kaum jemals einen Anfänger gesehen hatte, der sich geschickter angestellt hätte. Befriedigt fuhren wir also heim. „Eigentlich gar kein so übler Typ, dieser Ehrenfried", dachte ich bei mir, „vielleicht hast du ihn doch immer etwas unterschätzt. Wie er mit dem Fisch fertiggeworden ist, alle Achtung!"

„Eigentlich gar kein so über Typ, dieser Michael", dachte Ehrenfried. „Wenn er bloß mal lernen würde, sein Auto richtig zu parken!"

„Na", fragte Marlene nach unserer Ankunft - und ihr veilchenblauer Blick hatte einen fragenden grauen Einschlag, „wie war sein erster Angeltag?"

„Sehr aufregend", sagte Ehrenfried, (na, da müßte doch eigentlich noch etwas kommen!)

„Er hat seine Sache fabelhaft gemacht", sagte ich (Strafmandat hin oder her, man muß ja nun ehrlich sein!). „Laß uns doch dann am kommenden Wochenende wieder gehen", schlug ich vor.

„Das wird sicher wieder furchtbar nett", sagten Ehrenfried und Marlene unisono (na bitte!).

Darauf mußte ich - für die beiden völlig unverständlich - lachen und machte mich auf den Heimweg.

Michael Schöpe

Oh Schreck, der Hecht ist weg

Gell - da schaugst!", begrüßte mich der Regisseur angesichts dreier Mordströmmer Hechte, die da gerade mittels Kescher aus einem Tankfahrzeug in die großen, am Steg in den See eingelassenen hölzernen Hälterkisten umgesetzt wurden, als ich mein elektromotorisiertes Schlepp-Angelboot festmachte. Ein Fernsehfilm sollte nämlich gedreht werden, ein Film für die beliebte Heimatsendung „Unser Land" in BAYERN 3, vom Schleppen auf kapitale Hechte auf dem herbstlichen Starnberger See.

Ich erfuhr, daß man die Hechte, die ich vor der Kamera „fangen" sollte, vorsorglich lieber gleich mitgebracht habe, einen 18-Pfünder, einen 26-Pfünder und einen ganz respektablen „Staatshecht" von rund 30 Pfund. Alle für nicht gerade wenig Geld abgefischt aus einem Teich. Die beiden schweren Kaliber sollten nach ihrem gefilmten „Fang" beim Bayrischen Rundfunk verspeist werden, wozu man Einladungen habe hinausgehen lassen; der 18-Pfünder hingegen würde dem Team verbleiben.

„Ja, mein Lieber", klopfte mir der Regisseur gönnerhaft auf die Schulter, „bei uns werden eben Nägel mit Köpfen gemacht!" Ein tiefes Gefühl von Respekt ob solch perfekter Organisation begann mich zu erfüllen, jedoch vermischt mit Unbehagen darüber, daß ich anstelle von echten, wilden Starnbergersee-Hechten vor dem verehrten Fernsehpublikum nunmehr bereits gefangene zahme Teichhechte „fangen" sollte. Dies behagte mir ganz und gar nicht, und ich machte mich nachdenklich daran, im Boot noch einige Stockersysteme zu beködern. Dabei ließ mich eine Bewegung im Wasser kurz über Bord blicken, - und dann fielen mir fast die Augen aus dem Kopf! Zog doch da, nur eine Armlänge entfernt im knapp metertiefen Wasser, ein riesiger, bestimmt mehr als 120 cm langer Hecht vorbei, um langsam, aber unbeirrbar, dem seewärtigen Ende des Steges und den dort beginnenden dunklen Tiefen zuzustreben.

„He!", schrie ich in Richtung der sich gerade besprechenden Filmleute, „Hallo, schnell - ein Mordshecht, da schwimmt er ..." und deutete auf den dahinziehenden Kapitalen.

„Kamera!" brüllte der Regisseur geistesgegenwärtig, und flugs rannte ein Kameramann auf den Steg hinaus, um eine „ganz fantastische Einstimmungsszene" auf den Film einzufangen, nämlich das schwanzwedelnde Abtauchen eines kapitalen Hechtes in die dunklen Tiefen des herbstlich strahlenden Starnberger Sees.

Nachdem sich die Aufregung über den sonderbaren „Ausflug" eines riesigen Hechtes in die seichten Ufergefilde gelegt hatte und die Hirnzellen begannen, wieder normal zu arbeiten, inspizierte man argwöhnisch die Hälterkisten. Und siehe da, man wurde „fündig": die Kiste, in welcher der 26-Pfünder seines „Fanges" harren sollte, war leer. Dies durfte auch gar nicht Wunder nehmen, denn fragliche Kiste hatte überhaupt keinen Boden; der nämlich war verfault und sollte demnächst erneuert werden.

Blindgänger

„Welcher „Blindgänger" hat denn den Hecht in die kaputte Kiste gesetzt?" wütete der Regisseur. „Das war der Kameramann!", tönte es aus dem Hintergrund.

„Blind sein, aber Kameramann!", ließ sich kopfschüttelnd der Fischermeister vernehmen. „Da wundert mi beim Fernseh'n nix mehr." „Aber Sie ham doch zug´schaut, wie ich ihn ´reingetan hab´!", verteidigte sich zerknirscht der solchermaßen Blamierte. „Ja scho´, aba wos geht des mi o´, i schaug ja nur zua!"

„Jetzt kann ich nach München telefonieren, daß sie für die Hälfte der Leute Schnitzel braten", zürnte der Regisseur. „Gottseidank bleiben uns zum Filmen ja noch zwei Fische! Wie gut, daß ich für sowas vorgesorgt und drei gekauft habe!" Anschließend begannen die Dreharbeiten, und ich mußte schleppend den 18-Pfünder haken, drillen und mittels Tailer (Schwanzschlinge) an Bord holen, während ein Kamerateam all dies von einem nebenherfahrenden Motorboot aus filmte. Es lief alles prächtig und sah später auf dem Bildschirm ganz „echt" aus. Ein vehementer „Biß" auf den Schleppköder wurde „getürkt", indem ich mit dem Hecht längst an der Rute die verwendete Multirolle erst auf Freilauf schaltete, um dann, während die Kamera die Rutenspitze im Visier hatte, einzukuppeln. Das ergab einen Riß nach hinten, wie man ihn sich schöner und echter nicht wünschen konnte. Filmtechnische und „anglerische" Höhepunkte sollten beim anschließenden „Fang" des kapitalen 30-pfündigen „Staatshechtes" gesetzt werden. Man wollte gleichzeitig unter und über Wasser filmen. Dazu wurden nach großer Regie- und Einsatzbesprechung umfangreiche technische Vorbereitungen getroffen, die viel Zeit und Mühe in Anspruch nahmen. Ein Taucher-Kamerateam ging vor „den Löwen", der weitbekannten Landspitze, auf der das Midgardhaus (Restaurant) steht, auf Seegrund, eine weitere Kamera wurde dort am Ufer aufgebaut. Vor Beginn der Verfilmung des „großen Fanges" trat aber noch ein Problem besonderer Art auf: der „Staatshecht" wollte den Rachen nicht aufmachen, um sich anhaken zu lassen, auch hatte niemand so recht Lust, gebissen zu werden. Schließlich wurde Franz, der Fischermeister und „nur-Zuschauer" um Hilfe gebeten, wozu er sich „auf eure Verantwortung" herbeiließ. Während zwei Mann den Fisch hielten und ihm den Rachen einen Spalt aufstemmten, setzte der Fischermeister den Drillingshaken eines Blinkers ein.

Mit dem angehakten „Staatshecht" in einer großen Wanne im Boot steuerte ich „die Löwen" an und setzte dreißig Meter entfernt den Hecht verabredungsgemäß in den See aus, Multirolle auf Freilauf. Sofort ging der Fisch auf Tiefe, und ich kuppelte ein. Der Hecht zog, die Rute bog sich, alles lief wunderbar, ganz nach Programm. Doch plötzlich war gar nichts mehr „wunderbar", der Zug war weg und die Schnur kam lose herein - auwehzwick!!! Der hat ausgehakt, mir-nix-dir-nix ausgehakt, konnte ich nur entgeistert konstatieren, als ich schließlich den Blinker mit unversehrtem Drilling in Händen hielt. „Staatshecht" futsch, fort, abgehaut - um Himmelswillen! Herrschaftszeiten nochmal, kruzitürken, leck-mich-doch-alles kreuzwei´!

Der Fisch is´ weg!

40 Meter entfernt, am Ufer gab mir der Regisseur bereits ungeduldig Zeichen, endlich abzufahren, loszuschleppen in Richtung Unterwasserkamera.

Lieber Gott, wie sag´ ich´s nur! „Ohmei, - der Fisch is´ weg!" stammelte ich betreten hinüber. „Was ist los?" „Weg is´ er, futsch, a-u-s-g-e-k-o-m-m-e-n." „Wer ist weg??" Unheilschwangerer Tonfall.

Zum Brüllen

„D-e-r H-e-c-h-t i-s a-u-s k-e-m-m-a, leider! Scheiße!!" Folgten ein paar Schrecksekunden der Sprachlosigkeit in Verdauung der Ungeheuerlichkeit meiner Mitteilung, und dann der Ausbruch eines Vulkans. Der Regisseur war außer sich vor Ärger und machte derart verächtlichwegwerfende Armschlenker in meine Richtung, um auszudrücken, was er von meinen anglerischen Fähigkeiten hielt, daß ich ob der Hilflosigkeit der Situation einen Lachanfall bekam. Ich bog mich ebenso vor Lachen, wie die Schar der Neugierigen am Ufer. Es war alles so urkomisch, zum Brüllen! Vor meinem geistigen Auge stand die Vision einer festlich gedeckten Tafel, an der die zu einem Fischessen geladenen Honorationen nunmehr Schnitzel vorgesetzt erhielten statt „Starnbergersee-Hecht". „Umständehalber", aufgrund blamabler Umstände, über die wir lieber schweigen wollen.

„Aus!", bedeutete der Regisseur seinem Team, nachdem er sich aus-

getobt hatte. „Aus, Schluß, alles abbauen!" Götz-Einladung an die ganze Welt.

Dem Taucher-Team sollte ich Zeichen geben durch heftiges Ruderpatschen auf die Wasseroberfläche über der Tauchstelle. Es half aber nichts. Stocktaub mußten die sein da unten. Endlich, nach weiteren 20 Minuten ein Schwall, eine Tauchermaske erscheint an der Oberfläche, wird ´runtergerissen, und eine zornige Stimme wendet sich Auskunft heischend an die Runde der am Ufer Herumstehenden: „Wann fang ´ma jetzt endlich ´o, ha?? Ihr könnt uns allmählich ..." (Götz-Zitat).

Urkomisch! Tränenreiche Ausbrüche von Heiterkeit ringsum. Waren jetzt nur noch die Kosten zu regeln, für Fischeinsatz durch den Bayrischen Rundfunk in den Starnberger See. Man habe den See schließlich doch um 28 kg Hecht „bereichert", gab der Regisseur dem Fischermeister zu bedenken, und es wäre nur recht und billig, aus der Kasse der Fischereigenossenschaft dafür entschädigt zu werden. Andernfalls verblieben die eingesetzten zwei Hechte weiterhin im Eigentum des BR.

„Genauso is´s!", bestätigte Franz, der Fischermeister, spitzbübisch. „De zwoa Hecht´ ge´hörn dem BR, der dafür „Futtergeld" zahl´n muaß, bis er „schwarz" wird! Wos glab´s ihr, wos de zwoa täglich ´zammfress´n! Und f´fanga wer´n de nia mehr."

Das letzte Wort mußte aber doch der Regisseur haben, der erwiderte, der BR würde keinen Pfennig zahlen, sondern dessen Versicherung.

Unbestätigten Gerüchten zufolge sollen die beiden Rundfunkhechte wenig später vor Ambach, am gegenüberliegenden Seeufer, gefangen und von Nicht-Rundfunkleuten verspeist worden sein.

Rainer J. Bouterwek

Der Mann im Regen

Bevor Sie anfangen herumzumeckern, gebe ich es zu: Es ist langweilig, über ein Thema zu schreiben, das schon Dutzende von Seiten der Rubrik „Unterhaltung" gefüllt hat. Sie merken schon - es kann nur um Spaziergänger und Zuschauer gehen. Aber was mir diesbezüglich vor kurzem passiert ist, paßt genausogut in die Rubrik „Unglaublich, aber wahr", und deshalb fühle ich mich gewissermaßen verpflichtet, diesen Vorfall öffentlich zu machen. Ich berichte darüber nur, damit Sie nicht unvorbereitet sind, falls es Sie trifft. Und das könnte jederzeit passieren, so wie es mir passiert ist.

Es fing damit an, daß ich noch eine Handvoll Köderfische hatte, und das Wetter typisch norddeutsch schmuddelig war. Also optimale Bedingungen zum Zanderangeln, und da wäre ich ja schön doof, würde ich das nicht nutzen.

Eine Stunde später hatte ich meine Angeln ausgelegt und harrte der Dinge. Irgendwann hörte ich dann ein Geräusch hinter mir. Ich drehte mich um.

Und da stand er.

Ein Mann mittleren Alters, wie man so schön sagt. Ich hatte ihn noch nie gesehen. Wie lange er da schon stand, wußte ich nicht. Jedenfalls noch nicht sehr lange.

Was mag wohl kommen?

Na sowas, dachte ich, geht man schon mal bei solchem Sauwetter zum Angeln, und dann nerven einen diese Spaziergänger trotzdem. Was mag jetzt wohl kommen: „Na, schon ´was gefangen?" oder „Beißen sie heute?" Was soll ich ihm darauf antworten? Vielleicht „Nein, ich bin Vegetarier."? Das ist gut, ja, das sag´ ich ihm, wenn er das fragt. Das wollte ich schon immer mal sagen, aber bisher hat mich meine gute Erziehung daran gehindert. Doch heute sag` ich`s, heute fühl ich mich so richtig gemein. Und wenn er nun etwas anderes fragt? Ach, macht auch nichts, dann fällt mir bestimmt noch eine andere Frechheit ein.

Aber auf das, was er dann sagte, war ich doch nicht vorbereitet. Er sagte nämlich nichts.

Er stand einfach da und schaute zu. Im strömenden Regen. Ohne Regenjacke, geschweige denn einen Regenschirm. Und ich saß unter meinem Angelschirm, warm eingepackt, trocken und fühlte mich beobachtet. Irgendwie hatte ich auch ein schlechtes Gewissen.

Schließlich schaute er mir zu und das trotz all dieser widrigen Umstände. Ich meinte, ihm irgend etwas bieten zu müssen, einen Fang oder so etwas. Aber es tat sich rein gar nichts.

Angler ohne Schein?

Hoffentlich wird er darüber nicht ungehalten, dachte ich. Man kennt das ja vom Fußball. Da bemühen sich Tausende im strömenden Regen zum Stadion, und ihre Mannschaft verliert. Und in der Zeitung steht dann am nächsten Tag irgendwas von „Fan-Ausschreitungen".

Auch er steht, und zwar einfach da. Über eine Stunde schon. Der Mann ist bestimmt naß bis auf die Knochen. Scheint ihm aber nichts auszumachen, muß ein echter Naturbursche sein. Wahrscheinlich ist er ein Sportsfreund, aber ein echter. Wie Ernest Hemingway das war. Der alte Mann und das Meer. Sicher hat er auch mal geangelt und mußte dies durch widrige Umstände aufgeben.

Vielleicht hat man ihm ja den Angelschein abgenommen. Klar, einer wie der überbietet jeden Tag die Fangbegrenzungen, er kann ja gar nicht anders. Oder genau wie bei Hemingway hat ihn seine Trunksucht ruiniert, und er mußte sein Angelgerät versetzen. Und jetzt beschränkt er sich darauf, solchen, die er für würdig hält, beim Angeln zuzuschauen. Ich beschließe, ihn darauf anzusprechen.

„Sie verstehen etwas vom Angeln?", frage ich ganz unverfänglich. Er sagt nichts. Schüttelt nur den Kopf

Wo ist das Messer?

Mittlerweile steht er da schon zweieinhalb Stunden im eiskalten Regen. Mir wird die Sache so langsam unheimlich. Vielleicht ist das ein Verrückter. „Angler von unbekanntem Psychopathen zerstückelt", naja, da hab` ich schon schlimmeres gelesen, warum also nicht? Wo hab ich bloß mein Angelmesser? Mist, ganz unten im Rucksack. Wenn ich das jetzt herauswühle, schöpft er ja sofort Verdacht und fällt wie ein wildes Tier über mich her. - Ach was, alles Unsinn, ich tu dem Mann wahrscheinlich Unrecht. Ich beschließe, ihm einen heißen Tee anzubieten.

Doch da ist er verschwunden. Schade, ich hatte mich gerade an ihn gewöhnt. Über drei Stunden hat er mir stumm Gesellschaft geleistet. Und ist dann ohne ein Wort gegangen. Also, falls Ihnen, liebe Leser, mal etwas Ähnliches passiert, lassen Sie sich nicht verwirren. Der Mann tut niemandem etwas. Er steht halt nur da. Sonst nichts.

Hein Diegelmann

Versuchen kann man´s ja

Der Tag, an dem die Fische meine Freundin zum Angeln bekehrten, begann mit einer ganzen Reihe von Zufällen.

Ich muß vorausschicken, daß ich dem Meeresangeln bisher nicht viel abgewinnen konnte. Dicht gedrängt an einer schwankenden Reling zu stehen oder schwergewichtige Bleie in die Brandung zu donnern, ist nicht meine Sache. Unser diesjähriger Urlaub an der schwedischen Westküste sollte deshalb ein reiner „Sightseeing"- und Badeurlaub werden.

Ganz zufällig fanden allerdings ein paar Angelgeräte ihren Weg in den vollgepfropften Kofferraum: eine Tele-Spinnrute (gehört zur Auto-Apotheke), meine älteste und liebste ABU-Rolle (zu Ehren des Gastgeberlandes) und eine gut, aber ziemlich wahllos gefüllte Spinnerschachtel (weil, es sollte da ein paar Seen mit guten Barschen im Hinterland geben). Na ja, und was man sonst noch an unentbehrlichen Kleinigkeiten braucht, war irgendwie auch in meinem Koffer geraten.

Unser Ferienhaus lag am Rande eines kleine Wäldchens mit Blick auf eine fjordartig eingeschnittene Meeresbucht. Vor uns lockte ein Bade- und Bootssteg, und über uns strahlte eine gnadenlose Sonne vom wolkenlosen Mai-Himmel. Zum Wandern war es zu heiß - und zum Baden war das Wasser entschieden noch zu kalt. So fand ich mich „ganz zufällig" eines schönen Morgens mit der Angel in der Hand auf dem Steg wieder. Zugegeben, das Gerät war ein bißchen improvisiert: ein altes Birnenblei am Ende der Schnur, darüber zwei Seitenzweige mit je einem Haken, daran Muschelfleisch. Ein paar Lockperlen hatte ich auch noch in meiner Köderbox aufgetrieben. In solchen Fällen zahlt es sich aus, daß ich nur alle Jahre wieder meine Gerätekästen ausmiste. So finden sich immer einige verrostete Spinner „zum Ausschlachten".

Die Schnur war straff gespannt, die Rute hatte ich neben mir abgelegt. Gelegentlich zuckte die Spitze. Dann schlug ich an, beförderte abwechselnd kapitale Seesterne und untermaßige Krabben an Land und sehnte mich nach meiner Posenangel und den heimischen Rotaugen.

Fata Morgana

Irgendwann hörte ich auf, jeden „Biß" mit einem Anhieb zu beantworten und kurbelte nur noch hin und wieder meine Angel ein, um zu sehen, ob die Krabben noch etwas vom Köderfisch für die Seesterne übrig gelassen hatten. Dann blinkten die Lockperlen verlockend im Sonnenlicht und zeichneten Lichtreflexe in das klare Wasser. So große Lichtreflexe? Plötzlich war ich hellwach. Drei längliche Körper hoben sich hell vor dem Hintergrund des dunklen Meeresbodens ab, umschossen das Paternoster und verschwanden. Hornhechte oder Halluzination? Von da an war alles anders. Die Bucht roch förmlich nach Fisch, die ersten Wolken sahen aus wie ein ausgestreckter Setzkescher, und durch die Plastiktüten, mit denen schwedische Familienväter ihre Boote verließen, sah ich Fischformen schimmern.

Mein Vorschlag, zum Abendessen Makrelen zu servieren, fand den unschuldigen Beifall meiner Freundin. Makrelen gab´s beim Fischhöker am Hafen, und insgeheim leistete ich den Fischern, die sie weit draußen im Meer mit Netzen gefangen hatten, Abbitte. Manchmal, selten zwar, sind Berufsfischer doch zu was nütze.

An diesem Abend machte ich freiwillig Küchendienst. Ehe ich die saftigen Makrelenfilets in die Pfanne gleiten ließ, hatte ich die dünnen Bauchlappen (ist eh kein Fleisch dran, gell) abgetrennt und in fingerlange Fetzen zerlegt. O listenreicher Odysseus, die Hornhecht-Köder lagen im Kühlschrank. Satt wurden wir trotzdem.

Manchmal kommt es anders ...

Zum Glück sind schwedische Nächte im Frühsommer ganz besonders kurz. Länger hätte ich die Träume von gewaltigen Hornhechten kaum ertragen. Der Bootssteg schwankte unter meiner Ungeduld (und einer frischen Brise vom Meer), als ich meinen Köder mit Schwung hinausfeuerte. Diesmal war er schon weniger improvisiert. Von einem kleine Barschpilker (glücklich sind die Ködersammler...) hatte ich den Drilling abmontiert und statt dessen an einem kurzen Stück Schnur einen Einzelhaken angeknotet. Daran flatterte der Makrelenfetzen. An 25er Schnur ließ sich dieser Doppelköder trotz der steifen Reserverute weit werfen.

Meine Freundin hatte es sich hinter mir bequem gemacht; die Sonne und die Aussicht auf ein weiteres schmackhaftes Abendessen hatten ihr die anglerische Geduldsprobe erträglich gemacht. Und eine Geduldsprobe wurde es trotz meiner leichtfertigen Versprechungen tatsächlich: Nach zwei Stunden fleißigen „Flachpilkens" hatte sich noch immer kein Hornhecht auf den Köder gestürzt.

Frustriert ließ ich den Pilker absinken und steckte mir eine Zigarette an, die Rute zwischen den Knien balancierend. Ein Zug an der Zigarette, eine Kurbelumdrehung, wieder ein Rauchwölkchen, so dümpelte sich mein Köder dem Steg entgegen. Da kam der Biß. Mehrfach zuckte die Rutenspitze, Widerstand. Kein Widerstand!

Angekaut sieht der Köder aus, aber ich nehme mir nicht die Zeit, einen neuen aufzuziehen. Kurz gerät der Wurf, aber absinken lasse ich ihn trotz meiner Hektik. Meterweise zupfe ich den Pilker heran, spüre erneut Widerstand, reiße mich zusammen, gebe nach, zähle bis drei, schlage an. Sitzt!

Von da an geht es Schlag auf Schlag. Ich fange Flunder auf Flunder direkt im Schatten des Steges, ein Glattbutt ist dazwischen, eine Aalmutter. Die Hornhechte sind vergessen, Meeresangeln macht Spaß.

Auch mal

„Laß mich auch mal", reißt mich eine Stimme aus dem Fangrausch. O Gott, meine Freundin hatte ich fast vergessen. Kein Wunder, daß der Scheidungsanwalt im Ort mich immer so freundlich grüßt und einen Sportwagen fährt. Mein schlechtes Gewissen macht mich zuckersüß: „Aber natürlich, gern."

Die Dame hat Talente, das Werfen klappt im Handumdrehen. Und die Fische spielen mit. Beißen zuversichtlich, schlagen sich nicht los im „zügigen Drill". Wir haben noch viel geangelt in diesem Urlaub. Immer abwechselnd. Und gut gefangen. Nur einen Hornhecht bekam ich bis zum Schluß nicht zu Gesicht. Aber Zufallsflundern schmecken auch nicht schlecht.

Rainer Lenz

...Tücken der Technik...

Lang, lang ist's her, daß man mit Haselstecken, Flaschenkork und Regenwurm zum Angeln zog. Beim Angeln von heute feiert die moderne Technik Triumphe. Doch Technik hat auch Tücken, und so wird mancher Zukunftstraum zum Alptraum, wie unsere Autoren augenzwinkernd zu berichten wissen.

Fang-Garantie

Wie hilfreich sind beim Angeln doch die Tricks und Tips berühmter Vorbilder. Tips, die man regelmäßig unserer Bibel, dem BLINKER, entnehmen kann. Ist es Ihnen, wie mir, aber manchmal so ergangen, daß Sie vor technischer Finesse kapitulieren mußten? Mal fehlte ein wesentliches Detail in der Angelkiste. Dann war es die Unfähigkeit, mit klammen Fingern filigrane Montagen zu knüpfen oder schlicht und einfach Ungeduld bei der Erprobung neuer Techniken.

Deshalb will ich jetzt als einfacher und namenloser Angler aus der großen Menge heraustreten mit meinen Tips und Tricks, die ich Ihnen erstmals und exklusiv verrate. Ich erlebte mit meinen bisher unveröffentlichen Methoden große Fänge, die ich auch Ihnen garantiere. Sie müssen keine aufwendigen Vorbereitungen treffen oder Vorkenntnisse aufweisen. Nur Fische sollten in Ihrem Gewässer sein.

Mein Schlüsselerlebnis zum außergewöhnlichen Erfolg hatte ich, nachdem ich jahrelang einem tollen Fisch nachspürte. Ich kannte ihn, sah ihn häufig, hatte ihm sogar einen Namen gegeben. Nur fangen ließ er sich nicht.

Nicht die ausgefeiltesten Montagen oder die leckersten Köder haben ihn verführt. Viele Stunden und Tage saß ich voll konzentriert am Wasser, und nichts geschah. Bis zu dem Tag, an dem ich für einen Augenblick ein wenig abseits der Angelstelle die Zeit genutzt habe, um einen beim letzten Ansitz ins Gras gefallenen Wirbel zu suchen. Da biß der Fisch!

Das war die Grundlage meiner künftigen Erfolge. Nach vielen Angeljahren gelangte ich zu der Erkenntnis, daß Fische einen 7. Sinn für „Notlagen" des Anglers haben und sich dabei wenig von der verwendeten Angeltechnik beeindrucken lassen.

Unverstand ist hilfreich

Als höher entwickeltes und vernunftbegabtes Wesen habe ich mir diesen Sinn der Fische zunutze gemacht. Meine Forschungen sind noch nicht abgeschlossen, ich arbeite noch daran. Vielleicht unterstützen Sie mich mit Ihren Berichten, wenn auch Sie mit meinen Methoden Erfolg haben.

Künftig gehört zu Ihren Vorbereitungen absolute Unvoreingenommenheit. Völlig gleichgültig sind Jahres- oder Tageszeit, Wetter, Windrichtung, Zielfisch, kurz gesagt alles, was unseren Optimismus ausmacht. Technischer Unverstand, eine gewisse Gemütlichkeit und Unordnung im Auto sind dagegen von Vorteil.

Eines aber muß schon auf der Anfahrt in Ihrem Bewußtsein fest verankert sein: „Heute beißen die Fische schlecht, gar nicht oder frühestens nach sechs Stunden absolut ereignisloser Warterei!" Erstens ist das wichtig für Ihren unaufhaltsamen Erfolg und zweitens Realität an Ihrem Gewässer. Würden Sie diese Zeilen sonst lesen?

Neben Ihren üblichen Utensilien wie Ruten (nur zwei, Sie brauchen auf keinen Fall mehr), Angelkiste, Klappstuhl und ähnlichem nehmen Sie folgendes mit: Stanniolpapier, mehrere Limonadenflaschen, eine Konservendose mit Eintopf, einen Gaskocher, dicke Handschuhe (auch im Hochsommer), Handschellen mit Schlüssel, einen Satz kleiner Präzisions-Schraubenzieher, einen kaputten Wecker. Außerdem Brotscheiben, Honig oder Marmelade. Sollten Sie Raucher sein, brauchen Sie mehrere Zündholzschachteln mit nur einem einzigen Zündholz (Wichtig: Bitten Sie Ihre Frau oder einen Freund, die Schachteln in Ihrem Auto zu verstecken).

Trinken was reingeht

Diese Ausrüstung garantiert den Fang von exakt vier bis fünf hervorragenden Fischen. Vorausgesetzt, in Ihrem Gewässer sind so viele drin. Als Köder verwenden Sie lediglich Würmer und/oder Mais. Angefüttert wird nicht. Sie legen eine Grund- und eine Posenangel aus, deponieren alle Getränkeflaschen an Ihrem Angelplatz, bringen Ihren Klappstuhl in bequeme Position und lesen die Gebrauchsanleitung Ihres Autos. Schenken Sie Ihren Ruten keinerlei Beachtung, es wird eine ganze Weile nichts passieren. Aber damit haben Sie ja bereits gerechnet. Trinken Sie so viel wie reingeht und wenden Sie nach den ersten beiden Stunden erstmalig einen todsicheren Trick an. Murmeln Sie unüberhörbar in Richtung Wasser: „Könnte mal so langsam was passieren" und erheben sich scheinbar gelangweilt und ächzend aus dem Stuhl. Denn jetzt verspüren Sie einen sehr mächtigen Drang.

Geben Sie ihm nach, entfernen Sie sich ungefähr 30 Meter vom Angelplatz und verschaffen sich Erleichterung. Während Sie so dastehen und entspannt ausatmen, werden Sie beim gezielten Blick über Ihre Schulter erkennen, daß just jetzt die Pose mordsmäßig abzieht. Wenn Sie sich jetzt beeilen, der Reißverschluß nicht hakt und Sie hastewaskannste zur Rute wetzen, kommen Sie gerade rechtzeitig, um einen superfeisten Brassen zu haken. Ich selber habe pro vier Liter Limo stets jeweils einen Brassen gefangen.

Brandwunden an den Beinen

Ein solcher Erfolg macht hungrig, Sie werden sich stärken müssen. Aktivieren Sie den Gaskocher und stellen Sie die Konservendose auf die Flamme. Wenn der Inhalt brodelt, streifen Sie die dicken Handschuhe über, öffnen die zischende Dose und balancieren die gefährlich schwappende, höllisch heiße Konserve in Ihrem wackeligen Klappstuhl sitzend über den Knien. Vorsichtig schlürfend genießen Sie den Inhalt.

Darauf hat der Fisch gewartet. Der nächste Biß! Wenige Augenblicke später, mit frischen Brandwunden an den Beinen, keschern Sie die größte Rotfeder Ihres Lebens. So lande ich stets meine Rekordfische.

Möchten Sie jetzt an Ihrer Grundrute einen fetten Aal fangen? Nichts leichter als das. Nur keinen aufwendigen Bißanzeiger montieren, sondern lediglich ein Stückchen Stanniol an die Schnur. Lassen Sie es nicht aus den Augen, ungefähr eine Stunde lang. Dabei wird nichts geschehen, außer daß Sie hungrig von der Warterei werden; die Erbsensuppe war ja zum größten Teil auf Ihrer Hose und im Gras gelandet.

Also bestreichen Sie auf den Knien zwei, drei Brotscheiben mit Honig oder Marmelade. Dabei werden Ihre Finger ziemlich klebrig, und Sie begeben sich seufzend zum Wasser, um Ihre Hände zu waschen. Knien Sie direkt neben der Grundrute und konzentrieren Sie sich auf Ihre Hände. Das ist der Moment, in dem das Stanniolpapier Sie mit Affentempo überholt.

Der schöne Aal entschädigt Sie für die Honig- oder Marmeladen-Orgie an Rute und Rolle. Außerdem haben Sie ihn so besser im Griff. Er klebt förmlich an Ihren Händen. So nimmt ein *wirklich erfolgreicher* Angeltag seinen Lauf.

Drei Dinge schweben

Nun zu einem einfachen und ungefährlichen Trick, um ein Köderfischchen zu fangen. Drei Dinge schweben: ein leckeres Maiskorn an kleinem Haken unter der Pose, ein Kormoran mißtrauisch über Ihnen in der Luft und Ihre Gedanken bei den Zündhölzern im Auto. Nun pendeln Sie bei jeder Zigarette zum Wagen und suchen die Zündholzschachteln. Sehr abwechslungsreich, denn Sie werden viele Dinge finden, die Sie lange vermißt haben. So abgelenkt, vergeht die Zeit wie im Fluge.

Während Sie eine heruntergefallene Zündholzschachtel unter dem Sitz hervorangeln (angeln - hahaha), nimmt ein kleines Fischchen das Maiskorn auf. Und spätestens beim dritten Mal, während Sie fluchend im Auto herumkramen, hakt das Fischchen sich selbst. Sie aber haben soeben einen der erfolgreichsten Köderfisch-Tricks praktiziert. Ich mache das grundsätzlich so.

Den Köderfisch brauchen wir für den Zander. Während das appetitliche Fischchen am Grund liegt, nehmen Sie den Wecker mit den Uhrmacher- Schraubenziehern auseinander. Sie werden staunen, wie viele kleinste Teile so ein Wecker hat und wie schwer es ist, diese auf den Oberschenkeln zu sortieren und nicht herunterfallen zu lassen. Ein hartes Sirren wird Sie aus Ihrer Konzentration reißen: 30 Meter Schnur sind abgezogen. Der Zander!

Nur für harte Männer

Nun müssen Sie sich in Bruchteilen einer Sekunde entscheiden: Kleinteile des Weckers oder Zander? Klar, Sie haben gar keine andere Möglichkeit als den Fisch und werfen den Wecker später in die Mülltonne. Das hatten Sie ja ohnehin vor.

Dieser Angeltag war bis jetzt schon der erfolgreichste Ihres Lebens. Aber sind Sie Manns genug, meinen härtesten Trick anzuwenden? Die Belohnung für Ihre Nervenstärke wird ein kapitaler Hecht sein! Sie benutzen den Zander-Köder noch einmal oder streuen für einen neuen Köderfisch noch einmal eine kleine Zündholz-Aktion ein.

Nachdem Sie den Hecht-Köder plaziert haben, haben Sie alle Möglichkeiten. Vielleicht schreiben Sie ein Gedicht oder schlendern ein bißchen am Wasser entlang. Vielleicht berechnen Sie auch die Endlichkeit des Universums nach Professor Olbers. Egal, was Sie machen, der Hecht wird nicht kommen, denn er weiß Sie in der Nähe der Rute. Ein echt kapitaler Hecht wartet geduldig auf den Moment, in dem Sie total unabkömmlich sind. Geben Sie ihm diesen letzten Kick.

Atmen Sie durch, legen Sie eine Hälfte der Handschellen um die Dachreling Ihres Autos, die andere um Ihr linkes Handgelenk. Verschließen Sie die Handschellen und werfen Sie den Schlüssel weg, Halt, nicht so weit! Sie müssen den Schlüssel mit den Fußspitzen erreichen und zurückzupfen können. In diesem Moment nimmt der Hecht den Köder.

Harte Männer brauchen 1,84 Sekunden, um den Schlüssel zu sich heranzuziehen, die Handschellen zu öffnen, zur Rute zu sprinten und einen kräftigen Anhieb zu setzen. Ausgefuchste Hechte trauen uns alles zu, nur das nicht. Das ist eben der Trick.

Sie zählen nicht zu diesen nervenstarken Typen? Dann brauchen Sie ein Handy und einen verschwiegenen Freund, der zum Wasser kommt und den Schlüssel sucht. Der Freund geht nicht ans Telefon? Macht auch nichts. Sie haben ja schon einen Brassen, eine tolle Rotfeder, einen Aal und einen Zander erbeutet.

Norbert Arndt

Der Mann am Telefon

Der Dicke saß neben mir am Ufer und rutschte unruhig hin und her. Seine klobigen Hände umklammerten die teure Kohlefaserrute. Mit kleinen Schweinsaugen stierte er auf die tennisballgroße Pose, die draußen auf dem Wasser tanzte. Er hatte sich vor langen zehn Minuten zu mir gesellt, an meinen Lieblingsplatz an meinem Lieblingssee. Einfach so. Ein Anflug des Lächelns war über sein feistes Gesicht gehuscht, als er meine Angelsachen zur Seite schob, um auch an der Lücke im Schilf Platz zu finden: „So haben wir beide mehr Raum."

Sein schrillfarbenes Mountainbike, das so gar nicht zu dem Koloß paßte, hatte er gegen eine Rotbuche gelehnt. Beim ersten Versuch war es umgefallen, weil sich der Lenker verdreht hatte. Der Aufprall hatte den Uferboden erzittern lassen. Es konnte Einbildung gewesen sein, aber ich glaubte, kleine Wellen vom Ufer loswandern zu sehen, ähnlich denen, die entstehen, wenn man mit dem Finger an ein gefülltes Wasserglas schnippt. Good bye, ihr Karpfen.

Mir blieb keine Wahl. Ich mußte weiter angeln, denn genau hier war so etwa die einzige Lücke im Schilf. Außerdem hatte ich denen daheim einen frischen Karpfen versprochen und keine Tiefkühl-Fischstäbchen, und schließlich hatte ich genau an diesem Platz schon seit Tagen angefüttert.

Der Dicke warf wieder mal seine Montage aus. Mit lautem Plumps und großem Wasserschwall versank der Kartoffelköder weit draußen im Wasser, oben blieb die Pose, die mehr eine Boje glich. „Draußen sind die Viecher heute, da platscht es schon die ganze Zeit!" proklamierte er laut. Auweia. Das einzige, was da draußen ab und an platschte, waren Haubentaucher. Und natürlich seine schwergewichtige Montage.

Der Anruf

Ich sah mir meinen Mitangler genau an. Sein Doppelkinn ruhte auf dem speckigen Kragen eines roten Flanellhemdes, das spannte, obwohl es sehr weit geschnitten war. Die Unterarme des Dicken hatten die Ausmaße meiner Oberschenkel. Ich hatte schon lange keinen so dicken Menschen gesehen. Er konnte seit Jahren die eigenen Füße nicht mehr gesehen haben.

Die Sonne lugte jetzt schon durch die Baumwipfel an der Ostseite des Weihers. Jubilierend mischte sich Amselgesang mit Buchfinkenliedern. Man hätte ins Schwärmen kommen können, wäre da nicht das keuchende Atmen des Dicken gewesen. Auf einmal beugte er sich in Zeitlupe zu mir herüber und zwinkerte mit dem linken Auge: „Angeln entspannt! Wissen Sie, bei meinem Beruf...''

Plötzlich piepte es. Laut und eindringlich drang das Geräusch aus der linken Hosentasche des Dicken. Mit einer fließenden und flinken Bewegung, die gar nicht zu seiner plumpen Gestalt paßte, beförderte er ein kleines schwarzes Etwas ans Tageslicht. Mit dem dicken Daumen ließ eine kleine Klappe aufschnappen, dann sprach er hinein.

„Schröttelmann!'' Ein *Handy*! Der hatte ein Handy zum Angeln mitgenommen! Entgeistert drehte ich an meiner Rolle.

„Ja, Schatz, nein, nachher, gut, bis um sieben!'' Schnapp, zu die Klappe. Mit einem gewinnenden Lächeln wandte sich Schröttelmann mir zu und hielt mir sein Mini-Telefon entgegen, das fast in seiner Pranke verschwand: „Bei meinem Beruf muß ich immer erreichbar sein, auch wenn ich mir mal einen Vormittag freinehme.'' „Was arbeiten Sie denn?'', fragte ich harmlos. „Ich bin Hausmeister beim Finanzamt'', erwiderte er gewichtig. „Ohne mich läuft da nichts'', setzte er beiläufig hinzu. „Ach'', konnte ich nur sagen.

Das gab es doch gar nicht. Da saß ein dicker Hausmeister neben mir und telefonierte beim Angeln mit seiner Frau. Ich schüttelte mich bei dem Gedanken. Ein Sakrileg! Die letzte Bastion genervter Männer, schutzlos preisgegeben dem modernen Kommunikationswahn. Und Fische bissen auch nicht, bei dem Gezappel und Gewerfe, das der Dicke veranstaltete. Den letzten Karpfen hatte wohl endgültig das dämliche Gepiepe verjagt. Ich sann auf Vergeltung.

Die Vergeltung

Hausmeister Schröttelmann hatte seine Telefon auf eine Uferwurzel zwischen uns gelegt. Er erwartete also noch mehr Anrufe. Aus den Augenwinkeln lugte ich hinüber. Eines der neuen Geräte, klein wie eine Computermaus, mit einer kurzen Stummelantenne. Eine grüne Diode zeigte *Stand by* an. Daneben war ungelenk die Nummer auf einem kleinen Plastikfeld notiert. „Die Telefonnummer!" Ich mußte innerlich grinsen. Heiterkeit durchflutete mich, und ich mußte an mich halten, nicht laut herauszuplatzen.

Ich holte die Angel ein und legte sie ins Gras. Dann wandte ich mich dem Hausmeister zu: „Können Sie auf die Sachen aufpassen? Ich hole noch etwas aus dem Auto. „Klar", grölte der Dicke, „keine Tat." Betont schwerfällig machte ich mich auf den Weg. Als Schröttelmann außer Sicht war, gab ich Fersengeld.

Zur nächsten Telefonzelle waren es kaum 500 Meter, gleich neben der Bushaltestelle am Ortseingang. Von weitem war sie schwer auszumachen, in ihrem Mausgrau-Rosa. Meine bunte Telefonkarte verschwand im Apparat. „Guthaben: 5,70 DM", zeigte das Display. Das dürfte reichen. Ich wählte die Nummer und steckte mir den Zeigefinger der rechten Hand in die linke Backe.

Es klingelte nur ein einziges Mal. Der Dicke mußte wieder blitzschnell reagiert haben. „Schröttelmann?" Ich holte tief Luft, dann sprach ich schnell und laut: „Ja, wo stecken Sie denn, Mensch, wir haben hier Rohrbruch, die ganze Unteretage steht unter Wasser, das Archiv ertrinkt, und Sie machen sich einen faulen Lenz! Machen Sie hinne, Schröttelmann, sonst können Sie woanders hausmeistern!" Meine Stimme klang seltsam dumpf, aber sie mußte dem Original nahegekommen sein. „Ja, Chef, ich...", drang es atemlos durch die Muschel, dann hängte ich schnell auf.

Verstohlen schaute ich aus der Telefonzelle um die Ecke. Nach einer knappen Minute kam in der Ferne ein dicker Mann auf einem pinkfarbenen Rad wie ein geölter Blitz aus dem Wald. Bei jeder Tretbewegung nickte sein Oberkörper nach vorne. Selbst aus der Entfernung machte sein runder Kopf den Eindruck einer reifen Tomate. Ich sah dem strampelnden Bündel nach, bis es hinter einer Wegbiegung verschwunden war. Dann schlenderte ich langsam zurück. Bei jedem dritten Schritt hüpfte ich verhalten. Die Karpfen warteten schon.

Jörg Buxbaum

Brisante Ladung

Monika Schürmann gähnte verstohlen. Ihr Arbeitsalltag im Sicherheits-Check der Abflughalle III gestaltete sich an diesem Sonnabend gleichförmig wie selten. Keine neuartigen Rasierapparate, keine undurchsichtigen Videokameras schienen sich heute in ihr Heimann-Röntgengerät verirren zu wollen. Sie dachte schon an den Feierabend und den arbeitsfreien Sonntag, als das durchsichtige Abbild einer Reisetasche von links nach rechts in das Monitorbild fuhr.

Die Schürmann schluckte. Mit großen Augen blickte sie vom Monitor auf den unauffällig lächelnden Taschenbesitzer mit der verdächtigen dunklen Sonnenbrille und wieder zurück. Ihre linke Hand fuhr unter den Tresen.

Handschellen klickten

Binnen Sekunden hallten schnelle Schritte durch die Halle: Zwei BGS-Beamte eilten herbei, mit entsicherten, halbautomatischen Waffen. „Weg von Ihrem Gepäck! Hände aufs Geländer!" bellte der größere der beiden. Sein Kollege stemmte dem entgeisterten Fluggast die Mündung der Waffe in den Rücken. Handschellen klickten.

„Höchste Sicherheitsstufe! Auffälliger Röntgenbefund! Identität überprüfen, nochmalige Taschenkontrolle," instruierte die Sicherheitsdame ihre Kollegen. Die Umstehenden schauten gebannt hinüber. Eine ältere Dame fing hysterisch zu schreien an, bis sie der vorwurfsvolle Blick ihres Begleiters traf und sie augenblicklich verstummte.

Nur noch leises Kamerasurren war zu hören, das aus einer dichtgedrängten Gruppe japanischer Geschäftsreisender drang. „Ich wollte doch nur in England...", begann der gefesselte Mann, doch die BGS-Leute ließen ihn nicht ausreden. „Das kannst Du uns gleich erzählen. Mitkommen!" Das Trio zog ab.

Der alarmierte Sicherheitschef atmete noch schwer vom Laufen. Beidhändig zog der beleibte Mann seinen Hosenbund wieder dahin, wo er hingehörte. Mit einem Blick hatte er die Situation erfaßt: „Bombenverdacht?" „Sehen Sie!" Mit zitterndem Finger deutete die Sicherheitsdame auf den Monitor: „Das ist weder ein Rasierer noch eine Kamera, das ist ein Zünder!"

Deutlich zeichnete sich der Umriß eines Batterie- und elektronikgefüllten Kästchens ab. Daneben prangte eine orange kolorierte Fläche: „Semtex?" fragte Schürmann und wischte sich nervös eine vorwitzige Strähne aus dem geröteten Gesicht. Aufgeregt zeigte sie plötzlich auf einen undeutlichen, länglichen Gegenstand. „Das hier sieht sogar aus wie eine der neuen Kunststoffpistolen."

Der Sicherheitschef setzte per Knopfdruck das Band in Bewegung. Die Bleilamellen des Röntgengerätes schwangen zu Seite, das verdächtige Gepäckstück erschien. Eine beigefarbene Reisetasche, prallgefüllt. Süßlicher Geruch entströmte dem Behältnis.

„Das riecht nach Vanille!" staunte der Sicherheitschef. „Vielleicht, um unsere Sprengstoff-Spürhunde zu täuschen!" bemerkte die Monitordame atemlos. Ihre Worte waren noch nicht verklungen, da hatte der Einsatzleiter bereits sein Codewort in sein Funkgerät gesprochen. Im Hintergrund ertönte ein Alarmsignal, eine sonore Frauenstimme aus der Lautsprecheranlage verkündete wieder und wieder: „Bitte räumen Sie das Terminal. Bitte räumen Sie das Terminal."

Nur ein Teddy blieb zurück

Hektisch zogen sich die Reisenden in den Vorhallenbereich zurück. Manche mit, manche ohne Gepäck. Auf dem Boden vor einem der Röntgengeräte blieb ein Teddy zurück. Schnell spannten Polizisten Sperrleinen in weitem Abstand um den Check-Bereich, hinter die schließlich auch das Sicherheitspersonal huschte.

In das aufgeregte Stimmenwirrwarr der Menge mischte sich plötzlich ein surrendes Geräusch. Ein skurriles Gebilde bog auf Gummiketten um die Ecke. Das Fahrzeug war so groß wie ein Kinderwagen. Auf der Lafette waren ein Hochdruck-Wasserkanister und mehrere Sensoren befestigt. Aus einem drehbar gelagerten Turm ragte eine schwarze Mündung unheilvoll hervor. Kabel und Schläuche umgaben das Gefährt wie Spinnfäden eine gefangene Fliege.

Ein dickes, 30 Meter langes Kabel führte aus dem Heck des Roboters schlängelnd zur Fernbedienung, die ein bebrillter, nervöser Mann mit viel zu kurzem Schlips hinter der Absperrung in den Händen hielt. „Bring Dein Baby in Position!" schnarrte der Einsatzleiter durch den Saal. „Ja, ja!" Ruckartig und quietschend parkte er das Gefährt vor der Reisetasche ein. Die Rohrmündung zeigte nun exakt auf die Mitte der Tasche. „Bereit zum Schuß, alles in Deckung."

Little Andy zersplittert

Ein Wasserstrahl von über 300 bar verließ pulsierend das Geschütz und bahnte sich krachend einen Weg durch die dünne Kunststoffhaut der Tasche. Er drang in den elektronischen Bißanzeiger ein und zerstörte das teure Gerät augenblicklich. Durch den Druck zerlegte sich ebenfalls die Karpfenteleskoprute „Little Andy" aus Kohlefasern. Deren heiße Splitter drangen in die 2-kg-Tüte mit Vanille-Lockstoff ein und brachten das feinzerstäubte Material zur Explosion. Der Druck des expandierenden Vanille-Puders ergriff die Schachtel mit 127 vorgeformten, knallharten Boilies und ließ sie schrapnellartig in alle Richtungen schießen.

Die bunten Geschosse in den Geschmacksrichtungen Zitrone und Saure Gurke durchlöcherten die Reisetasche 127fach. Pfeifend und Rauchspuren hinterlassend zischten die Kugeln schallschnell durch die Abflughalle und zerbarsten schließlich als Mikro-Meteoriten mit häßlichem Krachen an schußsicheren Fenstern, Wänden, Säulen, während aus der perforierten Reisetasche ein vanille-parfümierter Explosionspilz aufstieg. Boilie-Brocken und Fragmente von Dämmplatten regneten herab.

Es noch nach Vanille

Dann war alles vorbei. Es roch nach Vanille und verbrannter Gurke. Mit offenen Mündern blickten Sicherheitsleute und Einsatzleiter aus ihrer Deckung auf. Der fand als erster seine Sprache wieder. „Mein Gott!" keuchte er: „Wenn das in 12.000 Meter Höhe passiert wäre!" Mit einem breiten Lächeln nickte er Richtung Polizeistelle: „Bin gespannt, was uns da für ein Fisch ins Netz gegangen ist und was er uns für Anglerlatein erzählen wird!" Händereibend und grinsend setzte er sich in Marsch.

Jörg Buxbaum

Das Angler-Quiz

T alkmaster Franz Heiser sah mich freundlich an und stellte die erste Frage. Lateinische Bezeichnung des Nordsee-Schnäpel. Wußte ich natürlich: Coregonus oxyrhynchus heckel. Fisch mit zweikammriger Schwimmblase? So was Leichtes. Angeblich ausgestorbener, aber wieder entdeckter prähistorischer Knochenfisch? Naja, die Runde war wohl eher zum Warmwerden.

Das Fernsehstudio war dem Thema entsprechend dekoriert. Aufgestellte Netze im Hintergrund, Ruten waren gegeneinander gestellt und ein Pappkamerad mit Ölzeug, Seemannsbart und Pfeife grinste aus der Kulisse.

Ich hatte mich beim Quiz beworben und die Endrunde erreicht. Es ging um 50.000 Mark. Den Gegenwert des Hauptgewinns hatten meine Frau und ich schon ausgerechnet. Ich in Angelruten, sie in Möbeln und einer neuen Kücheneinrichtung.

Einmal kurz geplinkert

Entgegen der Regieanweisung plinkerte ich kurz mit einem absolut unwiderstehlichen Lächeln in den Augen in die Kamera. Hoffentlich war der Videorekorder daheim richtig programmiert. Ich würde Unmengen an Kassetten brauchen, um Kopien der Aufzeichnung im Freundeskreis zu verschenken, natürlich handsigniert.

Die zweite Fragestunde begann so leicht wie die erste. Was ist eine Pseudanodonta complanata? Klar, weiß doch jedes Kind. Eine kleine Teichmuschel. Warum konnte Karl Brüggershemke aus Billerbeck 1987 seinen während der Sonnenfinsternis gefangenen Hecht von 155 Zentimetern nicht für die BLINKER-Hitparade anmelden?

Ich wollte schon losplatzen, daß Brüggershemke, wie jeder Angelstatistiker weiß, an dem Tag bedauerlicherweise einem Herzinfarkt erlag. Doch dann sah ich noch rechtzeitig Heisers gespanntes Grinsen und binnen zwei Zehntelsekunden wußte ich die richtige Antwort. Die Sonnenfinsternis 1987 war am 28. März.

„Schonzeit in Nordrhein-Westfalen", sagte ich trocken, und das Publikum im Studio applaudierte frenetisch.

So leicht war mir nicht beizukommen. Im Angelverein nennt man mich ja „Das Angellexikon". Wie heißt der Speisefisch, der in Restaurants als Goldbarsch angeboten wird? Auch ohne die gutgemeinte Geste eines Zuschauers, der demonstrativ ein Taschentuch an die Nase führte, konnte ich natürlich den Rotzbarsch nennen.

Die letzte Frage dieser Runde. Am 26. Juni 1972 fing ein Angler im Pazifischen Ozean einen 1300 Pfund schweren Marlin. Wie hieß der Angler und welches politische Amt bekleidete er?

Kurz nachgedacht und schon gelacht. Das war natürlich Kamuta Laatasi, Regierungschef der zum Commenwealth gehörenden Inselgruppe Tuvalo. Heiser blies die Backen auf, wedelte mit seiner Fragekarte ins Publikum und war begeistert. „Das ist richtiiieg!"

Zu mir gewandt, war er immer noch völlig baff: „Tuvalu, kaum jemand weiß, wo das..." „Zwischen 5,3 und 11 Grad südlicher Breite sowie 170 und 180 Grad östlicher Länge", unterbrach ich ihn. „10.000 Einwohner, die Hauptstadt heißt Funafuti..." <I>(Kein Scherz, schauen Sie im Atlas nach.)<I>

Heiser mahlte mit den Backenzähnen und kündigte die nächste Werbepause an. Kaum waren wir ausgeblendet, stürzten ausnahmslos sehr hübsche junge Damen auf mich zu. Wegen der starken Hitze unter den Scheinwerfern waren sie auch noch recht freizügig bekleidet. Sie tupften mir zart die nicht vorhandenen Schweißperlen von der Stirn, glätteten mein Haar, und ihre Stimmen klangen rauchig.

Daphne schnurrte bewundernd

Eine, ihr Name war Daphne, legte mir ihre zierliche Hand auf die Schulter und schnurrte mich bewundernd an. „Was Sie nicht alles wissen. Ich wette, Sie können sich meine Telefonnummer nicht merken, wenn ich sie nur einmal aufsage."

Ich konnte! Daphne hatte ihre Wette verloren, und ich lud sie zur Entschädigung zum Essen ein.

Eine wohl proportionierte Brünette mit Rehaugen himmelte mich an. „Welche großen Fische haben *Sie* denn schon gefangen?" Ich wußte gar nicht, wo ich anfangen sollte. Der Karpfen von 60 Pfund, der in einer lauen Sommernacht nach erschöpfendem Drill im Kescher lag. Oder damals der Hecht von 54 Pfund, der mich zwei Stunden lang im Boot über den See zog. Oder dieser grottenschlechte Wels von 2,6 Meter Länge, der bislang jeden Angler fertiggemacht hatte - bis ich kam.

Die Mädchen hingen an meinen Lippen und seufzten erregt. Ich wollte gerade die Brünette bitten, sie hieß Eva, doch auch das Telefonnummer-Wettspielchen mit mir zu spielen, als Franz Heiser uns unterbrach. „Dritte und vorletzte Runde. Achtung, wir gehen wieder auf Sendung!"

Die Mädels huschten aufgeregt davon und kaum jemand hatte bemerkt, wie geschickt sie alle ihre Visitenkarten in den Taschen meines Sakkos versenkt hatten.

„Drei, zwei, eins, und.... Meine Damen und Herren, herzlich willkommen zur nächsten Runde des beliebten Angler-Quiz. Wird unser Kandidat auch diese Runde mit seinem großartigen Wissen beherrschen und die 50.000 Mark gewinnen? Es sieht ganz danach aus - doch zuerst wieder unsere Fragen..."

Das Wort *Angeln* entstammt nach Ansicht von Sprachwissenschaftlern aus dem Indogermanischen. Welche Worte sind der Ursprung des „Angelns"? Glasklar! „Angla", das bedeutet „Hang zum sinnlosen Tun", „Enka" soviel wie „törichte Arbeit" und nicht zuletzt „Anka", „mit einem Haken fischen".

Ich sah Franz Heiser mitleidig an, und mir wurde in diesem Augenblick klar, warum er plötzlich unsicher wirkte und leicht verschwitzt war. Wer, wenn nicht ich, konnte ihn aus dieser Sendung kippen und seinen Platz als Moderator einnehmen? Das Wissen hatte ich, und unwiderstehlich gut sehe ich auch aus.

Welches Produkt aus Kalbsknochen, für das ein bekannte Showmaster Werbung macht, ist ein unwiderstehlicher Köder für Karpfen und Weißfische? Ich antwortete nicht und holte stattdessen mit vielsagender Geste eine kleine Tüte aus meiner Hosentasche. „Gummibärchen - richtig!"

Das Publikum lachte schallend und applaudierte so lange, bis Heiser mit mühsamem Abwinken wieder Ruhe hergestellt hatte.

Gemeinsam nichts fangen

Jetzt kam eine Scherzfrage mit Extrabonus. Was bedeutet „Anangeln"? Jedes Vereinsmitglied weiß das. Beim Abangeln handelt es sich um den wichtigsten Festtag organisierter Angler. Der erste Angeltag des Jahres, an dem gemeinschaftlich nichts gefangen wird. Der zweitwichtigste Tag des Jahres ist der Tag des Abangelns, an dem gemeinschaftlich ebenfalls nichts gefangen wird.

Heiser ließ die Arme sinken und sagte nur lahm: „...und jetzt zur Werbung. Wir sehen uns im absoluten Finale wieder." Er tat mir leid. Das war höchstwahrscheinlich seine letzte Sendung. Die nächste würde ich moderieren.

Die Mädels standen jedenfalls wieder um mich herum. Wir sprachen jetzt nicht mehr übers Angeln, sondern über andere Freizeitgestaltung. Zum Beispiel gemeinsam am Nacktbadestrand in der Sonne liegen,